날로먹는 漢字

원종호 지음 · 김복태 그림

| 추천사 |

쉽고 재미있는 漢字 학습서

 우리는 漢字를 학습하기 전에 먼저 왜 漢字를 배워야 하는지를 분명히 아는 것이 매우 중요하다.
 왜냐하면 지금 미국에서도 약 2400개 학교에서 漢字를 배우고 있는데, 그것은 중국을 알기 위함이고, 중국어를 배우기 위함이고, 따라서 부득이 漢字를 학습하지 않을 수 없는 것이다.
 그러나 한국에서 漢字를 배우는 것은 중국어 학습은 차후 문제이다. 우리는 일차적으로 우리말의 70% 이상의 어휘가 漢字로 되어 있기 때문에 우선 국어를 올바로 알고 말하기 위하여 漢字를 배워야 한다.
 우리말의 어휘는 고유어와 漢字語로 되어 있기 때문에 '하늘·땅·먹다' 등 고유어만이 우리말이 아니라, '사기·부친·국가' 등 漢字語도 분명히 우리말이다. 왜냐하면 '國家'를 '국가'라고 발음하고 '나라'라는 뜻으로 서로 소통하는 나라는 한자 문화권에서도 우리나라뿐이다. 그러므로 '국가(國家)'도 우리말이다.
 고유어는 한글만으로 해결할 수 있지만, 漢字語인 '사기'는 한글로

썼을 때 그 의미를 알 수 없다. 왜냐하면 '사기'의 동음이의어가 국어사전에 20여 가지가 있으니 한글로는 해결할 수 없다. 다시 말해서 한자로 '史記·士氣·砂器·詐欺…' 등으로 써 놓아야 그 뜻을 구별해서 알 수 있다.

그러므로 우리말의 문자 활동은 반드시 한글과 漢字를 함께 써야 완벽한 국어 생활을 할 수 있다.

따라서 우리나라에서는 한글만이 國字가 아니라, 漢字도 國字라는 올바른 인식을 해야 한다. 이렇게 인식이 될 때 왜 漢字를 배워야 되는가를 스스로 깨닫고 스스로 배우게 될 것이다.

《날로 먹는 漢字》는 우리말 곧 國字로서 漢字를 배울 수 있도록 저자가 오랫동안 심혈을 기울여 연구한 생활의 학습서이다.

이 책의 두드러진 특징은 학습자가 우선 수불석권(手不釋卷)의 재미를 가지고 익힐 수 있도록 매 글자마다 그림으로써 풀이한 것이다.

또한 이 책은 오늘날 시중에 쏟아져 나오는 제멋대로의 불확실한 자원풀이를 피하고, 우선 학습자가 재미있게 빨리 익힐 수 있도록 저자 자신의 예리한 감각으로 풀이하였다.

학습자들을 위하여 저자가 공학도로서 일반적인 한자 학습서와 달리 흥미 위주로 제작했다고 밝힌 솔직함의 겸허함이 매우 마음에 들어 독자들에게 일독을 추천하는 바이다.

陳 泰 夏

인제대학교 석좌교수
전국한자교육추진총연합회 이사장

| 머리말 |

 사실 나는 대학에서 건축학을 전공하였고, 자원학(字源學)을 비롯하여 한자 공부와는 거리가 먼 사람입니다. 학창 시절도 한글 전용 세대였기 때문에 한자를 체계적으로 제대로 배우지를 못하였습니다. 기껏해야 손으로 무작정 한자를 쓰면서 공부한 것이 전부입니다.
 그런데 회사 일로 가족과 함께 해외에서 10년 이상 근무하다 보니 아이들이 학교에서 영어로 공부를 하지만 우리말을 배울 기회가 적어서 고민이 되었습니다. 특히 한자로 이루어진 우리말을 어려워하였습니다. 아이들이 한자를 익힐 책을 찾다가 목마른 사람이 우물을 판다고, 결국 내가 다시 한자 공부를 하면서 직접 아이들에게 한자를 가르치기 시작하였습니다. 그 과정에서 나름대로 한자 공부 방법을 정리한 것이 이 책입니다.

 한자는 어떤 의미에서는 상형문자라기보다 반쪽짜리 소리글자라고 생각하면 됩니다.
 처음에는 모양을 형상화한 상형(象形)문자들을 만들었지만, 사회가 발전하면서 다양한 어휘가 폭발적으로 늘어나자 뜻을 나타내는 부분과 음을 나타내는 부분을 조합하여 형성(形聲)문자를 만들어 쓰게 되었습니다. 현재 사용하는 한자의 70% 이상이 형성문자에 해당됩니다.
 한자의 대부분을 차지하는 형성문자는 음이 같거나 비슷한

글자들끼리 함께 묶어 놓고, 그 글자들끼리 비교하면서 공부하면 한자의 음을 쉽게 읽을 수 있는 이점이 있습니다. 사람의 두뇌는 비슷한 음들을 유추할 수 있는 수평적 사고 능력을 가지고 있기 때문입니다. 다만 이 책에서는 사람의 뇌가 별 무리 없이 유추할 수 있는 음의 범위를 '초성, 모음, 받침'에서 하나만 바뀐 경우로 한정하였습니다.

이 책은 한자를 모르는 어린이들을 대상으로 한 것이 아닙니다. 오히려 한자를 단편적으로나마 어느 정도 알고 있는 청소년 이상의 학생이나 성인들이 한자를 쉽게 공부할 수 있도록 만든 책입니다.

한자를 전혀 모르는 어린이들은 만화를 이용한 한자 책을 통해 한자에 흥미를 가지게 하는 것이 더 바람직할 것입니다. 그러나 수준이 올라가면 비슷비슷한 한자들이 나오기 때문에 그 글자들을 눈으로만 외우기는 힘들어지므로 보다 체계적인 학습 방법이 좋습니다.

끝으로 이 책을 만드는 데 많은 조언을 해 준 아내와 두 딸에게 고마움을 전합니다. 또한 쉽고 재미있는 한자 공부에 도움 되는 그림들을 그려 주신 김복태 선생님과 에디터출판사에 깊은 감사를 드립니다.

원종호

| 이 책의 구성과 특징 |

산의 정상에 오르는 방법은 다양합니다

   산의 정상에 오를 때 어떤 사람은 산길을 이용하여 힘들게 오르고, 어떤 사람은 케이블카를 타고 쉽게 오릅니다.
   여러분이 오르고자 하는 산의 정상, 즉 목적이 한자의 학문적인 연구라면 이 책은 적절하지 않습니다. 이 책은 한자를 학문적으로 서술한 책이 아니기 때문입니다.
   그러나 여러분이 오르고자 하는 산의 정상, 즉 목적이 한자를 쉽게 기억하고 실생활에 적용하는 것이라면 바로 이 책이야말로 여러분이 찾던 책입니다.
   이 책에서는 한자의 학문적인 면을 강조하기보다는 한자를 쉽게 기억할 수 있도록 하는 데 우선을 두었습니다.
   한 예로, 다음 한자들은 음이 같거나 비슷한 경우입니다.
   검(劍), 검(檢), 검(儉), 험(險), 험(驗)
   그러나 음을 나타내는 부분인 僉(첨)은 상용한자가 아니며, 현대에는 쓰이는 단어도 없는 한자입니다. 그러므로 이 책에서는 한자 僉(첨)을 별도로 서술하지 않고, 그 대신 僉의 음을 '검'으로 가정하였습니다.

부수로 쓰이는 글자 표시

한자의 뜻과 음

음이 같거나 초성, 모음, 받침 중 하나만 다른 한자들을 묶어서 표시

지 기
支枝 技

支 가를 지

지 기
支枝 技

枝 가지 지

뜻(가로되)
음(지)

枝

뜻(나무)

손으로 나뭇가지를 갈라져 나와 정해진 지역의 업무를 보는 곳
본뜬 글자로, ○○와 ○○○의 두 가지 뜻이 생겼다.

나무에서 이리저리 갈라져 나온 것이 나뭇가지이다.

● 활용 단어

支店(지점) – 본점에서 갈라져 나와 정해진 지역의 업무를 보는 곳
支持(지지) – 붙들고 버틴다는 뜻이며, 어느 편을 든다는 의미도 있음.

● 활용 단어

枝葉(지엽) – 가지와 잎이란 뜻으로, 중요하지 않다는 의미로 쓰임.
"지엽적인 문제"
金枝玉葉(금지옥엽) – 금으로 된 가지와 옥으로 된 잎이라는 뜻으로, 귀한 자손을 의미함.

옛글자 | 한자의 유래나 뜻풀이 | 이미지로 한자 연상 | 한자가 쓰이는 단어와 풀이 | 한자 각 부분의 역할

이 책에 수록된 한자 중 일부 글자의 자원(字源) 풀이는 학술적으로 인정된 것이 아님을 밝혀 둡니다. 한자를 배우려는 독자들로 하여금 쉽고 재미있게 익히도록 하는 데 중점을 두었기에 어떤 글자는 본래의 자원과는 다르게 유머러스하게 풀이하였습니다. 그러므로 한자를 익히는 데 참고로 하되 학설로는 받아들이지 않기를 바랍니다.

7

 스스로 자

원래는 사람의 코를 본뜬 글자이다.
옛날 중국 사람들은 자기를 가리킬 때
손으로 코를 가리켰는데, 이런 관습에서
自 자의 뜻이 스스로, 자기 자신이
되었다고 볼 수 있다.
自 자가 부수로 쓰일 때는
코를 뜻한다.

- **활용 단어**

  自立(자립) – 스스로 서는 것.
  自然(자연) – 세상에 스스로 존재하는 모든 사물이나 상태.

臭 냄새 취

뜻(코)
뜻(개)

개가 코로 냄새를 맡다.
臭 자는 일반적으로
'고약한 냄새'를 뜻하며,
香(향) 자는 '좋은 냄새'를
뜻한다.

■ 활용 단어

惡臭(악취) - 나쁜 냄새.
體臭(체취) - 몸에서 나는 냄새.

息 숨쉴 식

뜻(코)
뜻(심장)

심장과 코로 숨쉬다.
息 자에는 쉬다, 살다,
자식이라는 뜻도 있다.

■ **활용 단어**

窒息(질식) – 숨쉬는 것을 막으니 숨 쉴 수 없음.
安息(안식) – 편안하게 쉼.
棲息(서식) – 생물이 깃들여 삶.
子息(자식) – 아들과 딸.

뜻(코)
모양

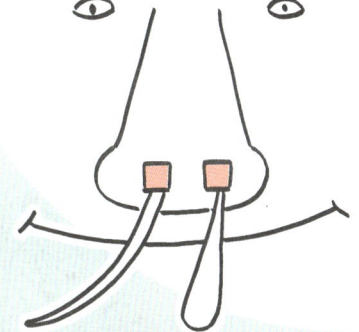

두 가닥의 콧물을 흘리는 코를 연상하라.

■ **활용 단어**

耳目口鼻(이목구비) – 귀, 눈, 입과 코.
鼻炎(비염) – 코 안의 염증.

吏 관리 리

관리를 뜻하며,
그림의 장면을 연상하라.

- **활용 단어**

  官吏(관리) – 관직에 있는 사람.
  貪官汚吏(탐관오리) – 백성의 재물을 탐내는, 행실이 더러운 관리.

使 부릴 사

뜻(관리)
使
뜻(사람)

관리가 사람에게 일을 부리다.
使 자에는 사신이라는
뜻도 있다.

■ **활용 단어**

使役(사역) – 사람을 부리어 일을 시킴. "고된 사역"
特使(특사) – 특별히 보내는 사신.

派 갈래 파

뜻(물)

모양

글자의 오른쪽 부분 㲾은
물이 갈라지는 모습을 연상하라.
물이 갈라지는 갈래.
派 자에는 내보내다는
뜻도 있다.

- **활용 단어**

  黨派(당파) – 당 내부에서의 여러 갈래.
  派兵(파병) – 군대를 내보냄.

脈 맥 맥

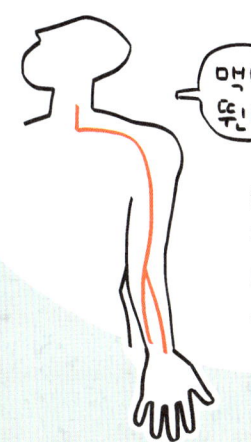

脈 — 모양
뜻(몸)

글자의 오른쪽 부분 厎은 핏줄이 갈라져 나가는 모습을 연상하라. 몸에서 맥박이 뛰는 맥.

- **활용 단어**

  脈搏(맥박) – 맥이 뛰는 것.
  山脈(산맥) – 산의 맥락이란 뜻이니 산줄기.

旅 군사 려

뜻(깃발)
모양

글자에서 氏은 갈라져 나가는 모습으로 보라. 각 부대들이 깃발을 따라 여러 방향으로 나아가는 모습에서 군사라는 뜻이 생겼다. 旅 자는 나그네라는 뜻으로도 쓰인다.

- **활용 단어**

  旅團(여단) - 군대 단위의 하나.
  旅館(여관) - 나그네가 자고 먹고 가는 집.

詳 자세할 상

詳
뜻(양)
뜻(말)

양에 대하여 말로 자세히 설명하다.

■ 활용 단어

詳細(상세) – 자세함.
詳述(상술) – 자세하게 말함. "사건의 경위를 상술하라"

延 끌 연

뜻(나아가다)　모양(끄는 모습)

뜻(발, 止)

글자의 가운데 부분은
止(지)의 변형된 모습이다.
나아가면서 발을 질질
끌다는 뜻이다.
延 자에는 퍼지다는
뜻도 있다.

- **활용 단어**

  遲延(지연) – 시간을 더디게 끄는 것.
  蔓延(만연) – 널리 퍼짐.

誕 태어날 탄

뜻(끌다)
誕
뜻(말)

말을 질질 끌듯 하는 갓 태어난 아기.

■ 활용 단어

誕生(탄생) – 성인이 태어남.
聖誕(성탄) – 성인의 탄생.

刺 찌를 자

모양 刺 뜻(칼)

글자의 왼쪽 부분 朿은 나무(木)에
가시가 있는 모습이다.
가시나 칼로 찌르다.

■ 활용 단어

刺戟(자극) – 찔러서 반응이 일어나게 함.
刺客(자객) – 사람을 몰래 암살하는 사람.

策 꾀 책

뜻(대나무)
모양

글자의 아랫부분 朿은
나무(木)에 가시가 있는 모습이다.
대나무 대신 가시나무를
채찍으로 쓴다는 뜻에서
꾀를 연상하라.

■ **활용 단어**

妙策(묘책) – 묘한 꾀.
對策(대책) – 어떤 일에 대처할 꾀.

萬 일만 만

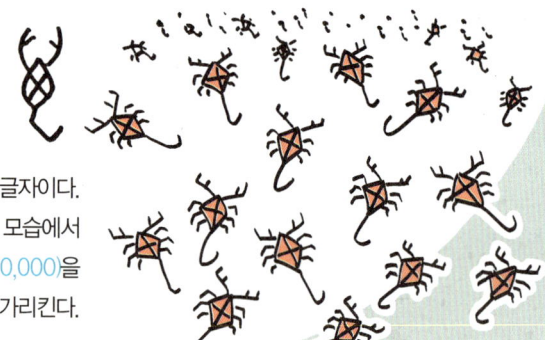

전갈을 본뜬 글자이다.
전갈들이 많은 모습에서
숫자 일만(10,000)을
가리킨다.

■ **활용 단어**

萬歲(만세) - 오랜 세월.
萬物商(만물상) - 온갖 물건을 파는 가게.

勵 권장할 려

뜻(기슭)　뜻(힘)

勵

모양(전갈)

낑낑

힘내라 힘내라

전갈이 기슭을 힘써
올라가도록 권장하는
모습을 연상하라.

■ **활용 단어**

激勵(격려) – 매우 권장함.
督勵(독려) – 감독하며 격려함.

亂 어지러울 란

모양

모양

글자의 왼쪽 부분은 양손에 들린 엉켜 있는 실타래를 본떴다. 글자의 오른쪽 부분은 사람의 옆 모습을 본떴다. 엉킨 실타래에서 어지럽다라는 뜻이 생겼다.

- **활용 단어**
  - 亂動(난동) – 어지럽게 행동함.
  - 亂局(난국) – 어지러운 국면.

辭 말 사

뜻(맵다)
모양

글자의 왼쪽 부분은 양손에 들린 엉켜 있는 실타래를 본떴다. 엉킨 실타래 같은 문제를 맵게 따져서 잘잘못을 가리는 모습에서 일반적인 의미의 말이란 뜻이 생겼다. 辭 자에는 사양하다는 뜻도 있다.

■ **활용 단어**

- 祝辭(축사) – 축하하는 말.
- 不辭(불사) – 사양하지 않음. "전쟁도 불사하고"

深 깊을 심

뜻(물) / 모양

글자의 오른쪽 부분은
거대한 오징어로 보고,
거대한 오징어가 사는 물이
깊다고 연상하라.

- **활용 단어**

  深海(심해) – 깊은 바다.
  水深(수심) – 물의 깊이.

探 찾을 탐

모양
뜻(손)

찾아야지

글자의 오른쪽 부분은
거대한 오징어로 보고,
거대한 오징어가 손으로
무엇을 찾는다고
연상하라.

■ **활용 단어**

探索(탐색) – 찾음.
探知(탐지) – 찾아 알아냄.

强 강할 강

뜻(활)

모양

글자의 오른쪽 부분 虽은 지네로봇이 몸을 일으켜 세운 모습으로 보고, 지네로봇이 활을 힘차게 당기는 모습에서 강하다는 뜻을 연상하라. 참고로 强 자는 強의 속자이다.

■ **활용 단어**

强力(강력) – 강한 힘.
强大國(강대국) – 힘이 강하고 큰 나라.

雖 비록 수

음(추→수)

모양

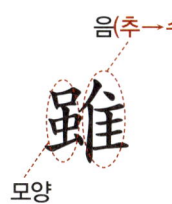

글자의 왼쪽 부분 虽은 지네로봇이
몸을 일으켜 세운 모습을 연상하라.
원래 벌레 이름을 뜻하였으나
쓰이는 단어는 거의 없고,
그 대신 비록(even if)이라는
뜻으로 사용된다.

留 머무를 류

모양
뜻(밭)

글자의 윗부분 ⺜은 두 사람이
마주 보고 있는 것으로 보고,
그 두 사람이 밭에 머무는
모습을 연상하라.

- **활용 단어**

  滯留(체류) – 객지에서 머물러 있음. "뉴욕에 체류하다"
  抑留(억류) – 억지로 머물게 함. "불법으로 억류되다"

貿 무역할 무

貿 — 모양
뜻(재물)

글자의 윗부분 卯은 두 사람이 마주 보고 있는 것으로 보고, 그 두 사람이 재물로 사고팔며 무역하는 모습을 연상하라.

■ **활용 단어**

貿易(무역) – 나라와 나라 사이에 서로 물건을 사고파는 일.
密貿易(밀무역) – 법을 어기면서 몰래 무역함.

劇 연극 극

뜻(호랑이) 뜻(칼)
뜻(돼지)

호랑이와 돼지가 칼로
싸우는 연극을 연상하라.
劇 자에는 심하다는
뜻도 있다.

■ **활용 단어**

演劇(연극) – 배우가 무대에서 각본에 따라 보여주는 예술.
劇藥(극약) – 독약보다는 약하나 심하게 위험한 약.

據 의지할 거

뜻(손)　　뜻(호랑이)

據

뜻(돼지)

호랑이와 돼지가 손으로 어깨동무하며
서로 의지하는 장면을 연상하라.
據 자에는 굳게 지키다는
뜻도 있다.

- **활용 단어**

  依據(의거) – 어떤 것에 의지함. "법에 의거하여 재판하다"
  占據(점거) – 차지하고 굳게 지킴.

부수 코너

 소금밭 로

부수로 쓰이며,
소금덩어리를 본떴다.

사용 예 : 鹽(소금 염)

鹽 소금 염

뜻(소금덩어리)

뜻(살피다)

글자의 바깥 부분은
'살필 감(監)'이 변형된 모습이다.
소금덩어리를 잘 살피는
모습을 나타낸다.
塩 자는 鹽의 약자이다.

■ **활용 단어**

食鹽(식염) – 먹는 소금.
鹽分(염분) – 소금기.

臨 임할 림

뜻(신하) 뜻(사람, 人)
뜻(물건)

글자의 오른쪽 아랫부분은
'물건 품(品)'이다.
사람이 신하처럼 몸을 숙여
물건에 임하다.

- **활용 단어**

  再臨(재림) – 다시 임함.
  臨迫(임박) – 어떤 때가 가까이 옴.

부수 코너

미칠 이

무엇에 손이 미치어 잡다.

사용 예 : 逮(잡을 체)

逮 잡을 체

뜻(나아가다)

逮

뜻(미치다)

"절도범으로 체포한다"

끙

나아가서 미치어 잡다.

■ **활용 단어**

逮捕(체포) – 죄인이거나 죄를 저지른 혐의가 있는 사람을 붙잡음.

隷 종 례

뜻(미치다)
隷
모양

글자의 왼쪽 부분 隶 모양의 흑인을
미치어 잡아 종으로 삼는 모습을 연상하라.
쓰이는 단어들에서는 주로 예로 읽힌다.

- **활용 단어**

奴隷(노예) – 남의 소유물이 되어 사고 팔 수 있는 사람.
隷屬(예속) – 종처럼 남에게 속함.

契 맺을 계

모양 — 뜻(칼)

契

뜻(크다)

칼로 丰 모양으로
크게 새겨서
약속을 맺다.

- **활용 단어**

契約(계약) – 맺은 약속.
默契(묵계) – 말 없는 가운데 맺은 약속.

潔 깨끗할 결

글자에서 ≢刀은 칼로 ≢ 모양으로 새길 때 나는 소리 'ㄱ'를 나타낸다고 이해하라. 실을 물에 씻어 깨끗하게 하다.

■ **활용 단어**

純潔(순결) – 순수하고 깨끗함.
淸潔(청결) – 맑고 깨끗함.

鼓 북 고

모양

모양

글자의 왼쪽 부분은 북을 세워 놓은 모습이다. 글자의 오른쪽 부분은 손에 북채를 쥐고 있는 모습으로 지(支)를 참조하라.

■ 활용 단어

勝戰鼓(승전고) – 전쟁에 승리했을 때 울리는 북.
鼓舞(고무) – 북을 치고 춤을 추다는 뜻으로, 격려하는 의미가 있음.
"그의 격려에 크게 고무되다"

 기쁠 희

喜 모양
뜻(입)

글자의 윗부분은 '북 고(鼓)'자의 왼쪽 부분이다.
북을 치며 입으로 노래하는 모습에서 기쁘다는 뜻을 연상하라.

■ **활용 단어**

喜悲(희비) – 기쁨과 슬픔.
歡喜(환희) – 매우 기뻐함. "환희에 찬 목소리"

育 기를 육

모양
뜻(몸)

글자의 윗부분 ㄊ은 부수 '자식 子(자)'가 거꾸로 된 자세이며, 아기가 어머니의 뱃속에서 나오는 모습을 나타낸다. 갓난아기의 몸이 자라도록 기르다라는 뜻이다.

■ **활용 단어**

育兒(육아) – 어린아이를 기름.
養育(양육) – 기름. "자녀 양육비"

 버릴 기

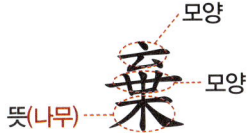
뜻(나무) — 모양 / 모양

글자의 윗부분 △은 부수 '자식 子(자)'가 거꾸로 된 자세로 아기가 어머니의 뱃속에서 나오는 모습을 나타낸다. 갓난아기를 나무로 만든 것에 담아서 버리다.

- **활용 단어**

  棄權(기권) – 권리를 버림.
  廢棄(폐기) – 쓸모 없는 것을 버림. "폐기 처분"

夭 일찍 죽을 요

머리가 한쪽으로
굽어져 있어서
일찍 죽다.

■ **활용 단어**

夭折(요절) – 젊어서 일찍 죽음.

笑 웃을 소

뜻(대나무)
모양

바람이 불면 대나무에서
나는 소리가 마치
웃음소리 같다.
글자의 아랫부분 夭는
대나무가 한쪽으로
기운 모습이다.

■ **활용 단어**

爆笑(폭소) – 터지듯이 웃음.
嘲笑(조소) – 비웃음.

退 물러날 퇴

뜻(나아가다)
뜻(어긋나다)

나아가는 것과 어긋나니 물러나다.

- **활용 단어**

  後退(후퇴) – 뒤로 물러남.
  退職(퇴직) – 직장에서 물러남.

銀 은 은

뜻(어긋나다)

銀

뜻(금)

금과 어긋나니 은.

■ **활용 단어**

銀貨(은화) – 은으로 만든 돈.
銀盤(은반) – 은으로 만든 쟁반이란 뜻으로, 얼음판을 의미하기도 함.
　　　　　"은반 위의 요정"

屋 집 옥

모양

뜻 (이르다)

글자의 바깥부분 尸은
제법 두툼한 지붕을 뜻한다.
지붕이 있는 곳에 이르니
집이란 뜻이다.

- **활용 단어**

  家屋(가옥) – 사람이 사는 집. "전통 가옥"
  洋屋(양옥) – 서양식으로 지은 집.

殿 대궐 전

모양 뜻(몽둥이)
뜻(함께)

글자에서 尸는 제법 두툼한 지붕을 나타내고, 共(공)은 '함께'를 뜻한다. 대궐이나 큰 집 처마 밑에서 사람들이 함께 몽둥이를 들고 지키는 모습을 연상하라.

- **활용 단어**

  宮殿(궁전) – 임금이 사는 집.
  神殿(신전) – 신을 모신 큰 집.

聲 소리 성

글자에서 声은 석경을 본떴다.
몽둥이로 석경을 두드려서
귀로 듣는 소리를 뜻한다.

■ **활용 단어**

雷聲(뇌성) – 천둥소리.
銃聲(총성) – 총소리.

印 도장 인

도장이란 뜻이며,
그림을 보고
뜻을 연상하라.

- **활용 단어**

  檢印(검인) – 검사하고 찍는 도장.
  印刷(인쇄) – 어떤 내용을 종이에 찍음.

婦 아내 부

뜻(여자) — 모양(손)
婦
모양(빗자루)

옛글자를 보면 글자의 오른쪽은
손에 빗자루를 든 모습이다.
빗자루를 손에 들고 있는
여자가 아내이다.

■ **활용 단어**

新婦(신부) - 갓 결혼한 아내.
夫婦(부부) - 남편과 아내.

掃 쓸 소

뜻(손)　모양(손)
모양(빗자루)

손에 손에 빗자루를 들고 쓸다.

■ **활용 단어**

清掃(청소) – 깨끗하게 쓰는 것.
掃蕩(소탕) – 쓸어서 없애 버림.

歸 돌아올 귀

뜻(언덕, 阜)　모양(손)

歸

뜻(발)　모양(빗자루)

손으로 빗자루질을 하면서 발로 언덕을 한 바퀴 돌아오는 모습을 연상하라. 돌아오다, 돌아가다는 뜻으로 쓰인다.

■ **활용 단어**

歸還(귀환) – 본래 있던 곳으로 돌아옴.
歸家(귀가) – 집으로 돌아감.

竝 나란히 병

뜻(서다)

竝

뜻(서다)

두 사람이 나란히 서 있는 모습을 본떴다.

■ 활용 단어

竝列(병렬) – 나란히 벌려놓음.
竝行(병행) – 나란히 나아감.

疫 염병 역

뜻(병)
疫
뜻(몽둥이)

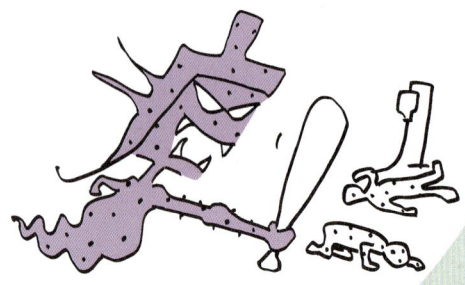

병이 몽둥이를 들고 이 사람 저 사람
가리지 않고 사정없이 치듯이 생기는 염병,
즉 전염병이란 뜻이다.

■ 활용 단어

紅疫(홍역) – 급성 전염병의 하나이며, 피부에 붉은 발진이 생김.
防疫(방역) – 전염병을 미리 막는 일.

役 부릴 역

뜻(몽둥이)

役

뜻(나아가다)

몽둥이를 들고 나아가면서
일하도록 부리다.
役 자에는 역할이라는
뜻도 있다.

■ **활용 단어**

使役(사역) – 사람을 부리어 일을 시킴. "고된 사역"
主役(주역) – 중심이 되는 역할.

段 조각 단, 층계 단

모양 / 뜻(몽둥이)

글자의 왼쪽 부분 𠂎은 부수 '기슭 厂'에 붙어 있는 돌들을 연상하라. 몽둥이로 언덕에 있는 돌조각을 깨뜨리는 모습에서 조각이란 뜻이 생겼다. 段 자에는 층계, 수단이란 뜻도 있다.

- **활용 단어**

段落(단락) – 계속되는 일이 어느 정도에서 일단 끝나는 것.
"여기에서 일단락을 짓다"
階段(계단) – 층계.
手段(수단) – 방법.

設 세울 설

設
- 뜻(몽둥이)
- 모양

몽둥이를 들 모양으로
차곡차곡 쌓는 모습에서
세우다는 뜻을
연상하라.

■ **활용 단어**

設立(설립) – 세움. "연구소를 설립하다"
新設(신설) – 새로 세움. "신설 초등학교"

投 던질 투

뜻(손)
모양

그림처럼 손으로 던지는
투수를 연상하라.
投 자에는 머무르다는
뜻도 있다.

- **활용 단어**

  投手(투수) – 야구에서 타자에게 공을 던지는 선수.
  投宿(투숙) – 여관 등에 들어가서 머무름. "여관에 투숙하다"

醫 병고칠 의

뜻(상자)   뜻(화살)
醫
뜻(몽둥이)
뜻(술)

몽둥이로 터지고 화살에 맞아서 생긴 곳을 술로 소독하고 상자 모양의 기브스로 싸매어 병을 고치다. 醫 자에는 의원이란 뜻도 있다.

■ 활용 단어

醫術(의술) – 병을 고치는 기술.
主治醫(주치의) – 어떤 사람의 병을 주로 맡아서 치료해 주는 의사.

옛날에는 하루를
십이지(자축인묘진사오미신유술해)로
구분하여 사용하였다.
오(午)는 오전 11시부터
오후 1시까지의
낮 시간을 의미한다.

■ **활용 단어**

正午(정오) – 낮 열두 시.
午睡(오수) – 낮잠.

許 허락할 허

뜻(낮)
뜻(글)

대사관에서 낮이 되어서야 글로 된 비자를 허락하는 모습을 연상하라.

■ **활용 단어**

許諾(허락) – 청하는 것을 들어줌.
許可(허가) – 허락함.

若 같을 약

여자가 머릿결을 다듬는
모습을 본뜬 글자이다.
여러 명의 여자들이
똑같이 머릿결을 다듬는
모습에서 같다는
뜻이 생겼다.

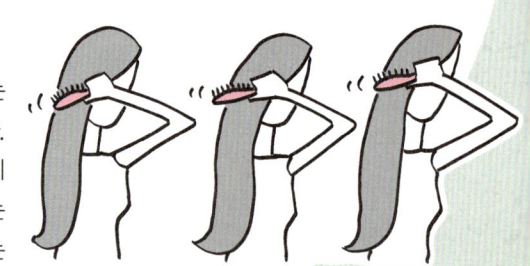

- **활용 단어**

  傍若無人(방약무인) – 곁에 사람이 없는 것과 같이 함부로 함.
  明若觀火(명약관화) – 분명한 것이 불을 보는 것과 같음.

諾 허락할 낙

뜻(같다)
뜻(글)

대사관에서 신청한 글과 같은 내용으로 비자를 주며 허락하는 모습을 연상하라. 참고로 앞의 글자가 모음으로 끝나면 '락'으로 읽히고, 그렇지 않으면 '낙'으로 읽힌다.

■ **활용 단어**

許諾(허락) – 청하는 것을 들어줌.
承諾(승낙) – 청하는 것을 들어줌.

濕 젖을 습

뜻(물) · 뜻(해) · 뜻(실, 絲)

글자의 아랫부분 絲 은 '絲(실 사)'가 일부 변형된 것으로, 실로 만든 빨래가 물에 젖어서 햇볕 아래 너는 모습을 연상하라.

- **활용 단어**

  濕氣(습기) – 젖은 기운.
  濕度(습도) – 젖은 정도.

顯 나타날 현

뜻(해)   뜻(머리)

顯

뜻(실, 絲)

햇볕에 색깔과 형태가 분명히 나타나네

글자의 아랫부분 㬎은 '絲(실 사)'가
일부 변형된 것으로,
머리를 들어 보는 실이 햇빛에
색깔과 형태가 분명하게
나타나는 모습을
연상하라.

■ **활용 단어**

顯著(현저) – 뚜렷이 나타나고 드러나 있음. "현저한 차이"
顯微鏡(현미경) – 작은 것을 크게 나타나도록 보여주는 렌즈.

上 위 상

옛글자를 보면 기준선을 긋고
위에 점을 찍어 위라는
뜻을 표현하였다.

■ 활용 단어

地上(지상) – 땅의 위.
飛上(비상) – 위로 날아오름.

下 아래 하

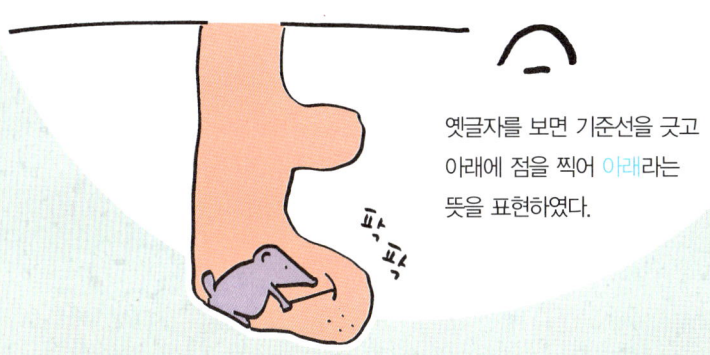

옛글자를 보면 기준선을 긋고 아래에 점을 찍어 아래라는 뜻을 표현하였다.

- **활용 단어**

  下降(하강) – 아래로 내려옴.
  下落(하락) – 아래로 떨어짐.

負 짐질 부

뜻(사람, 人)

뜻(재물)

사람이 재물을 짐 지다.

■ **활용 단어**

負擔(부담) - 어떠한 것을 짐으로 메듯이 의무나 책임을 짐.
負債(부채) - 빚을 짐.

雄 수컷 웅

뜻(손) 雄 뜻(새)
뜻(팔꿈치)

팔꿈치를 구부리고
손으로 농구공을 움켜쥐고 있는
수컷 독수리를 연상하라.
雄 자에는 뛰어나다,
웅장하다는 뜻도 있다.

- **활용 단어**

雌雄(자웅) – 암수.
英雄(영웅) – 지혜와 재능이 뛰어난 사람.
雄壯(웅장) – 으리으리하게 큼. "왕궁이 웅장하다"

兵 군사 병

뜻(도끼)
모양

글자의 아랫부분은
양손을 의미한다.
두 손으로 도끼를 든
군사를 연상하라.

■ **활용 단어**

兵士(병사) – 군인.
兵丁(병정) – 병역에 근무하는 장정.

怨 원망할 원

뜻(저녁) — 모양
怨
뜻(마음)

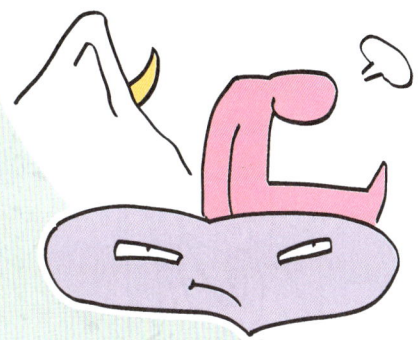

글자에서 㔾은 몸을 구부린
모습으로 연상하라.
저녁이 되도록
몸을 구부리고 앉아
마음으로 원망하다.

- **활용 단어**

  怨望(원망) – 못마땅하게 여기어 남을 탓하고 미워함.
  怨恨(원한) – 원망하는 생각.

冠 관 관

글자의 아래 왼쪽 부분은
'으뜸 원(元)'자이다.
으뜸이 되는 사람이
손으로 머리 위에 덮은
관을 뜻한다.

■ **활용 단어**

金冠(금관) – 금으로 만든 관.
王冠(왕관) – 임금이 쓰는 관.

寬 너그러울 관

뜻(집)
뜻(풀)
모양(점)
뜻(보다)

글자의 가운데 부분은 부수 '풀 초'는 아니지만 비슷하니 여기서는 풀로 보자. 집에서 키우는 풀에 있는 점을 보듯 작은 일에도 너그럽게 대하는 모습을 연상하라.

■ 활용 단어

寬大(관대) – 마음이 너그럽고 큼.
寬容(관용) – 너그럽게 용서함.

患 병환

모양

뜻(심장)

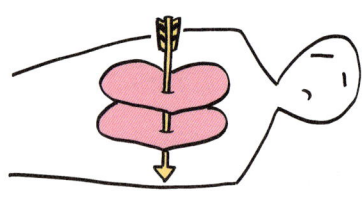

심장에 꼬챙이가 박힌 모습에서
병, 근심이란 뜻을 연상하라.

■ **활용 단어**

患者(환자) – 병이 있는 사람.
憂患(우환) – 걱정이나 근심.

獻 바칠 헌

뜻(짐승)
뜻(호랑이)
뜻(솥)

호랑이 신상 앞에서
짐승을 잡아 솥에 넣어
바치다.

- **활용 단어**

  獻身(헌신) – 몸을 바침.
  獻金(헌금) – 돈을 바침.

臥 엎드릴 와

뜻(신하)
뜻(사람)

신하가 사람,
즉 왕 앞에서
엎드리다.

■ **활용 단어**

臥病(와병) – 병으로 자리에 엎드림.
臥薪嘗膽(와신상담) – 섶에 엎드려 자고 쓸개를 맛본다는 뜻으로, 원수를
갚으려고 괴로움을 참는 것을 의미.
중국의 역사에서 나온 고사성어의 하나.

曰 가로 왈

뜻(입, 口)
모양

글자의 가운데 부분인 一은 말소리를 상징하는 표시이다. 부수의 하나이며, 가로되, 말하다는 뜻이다.

- **활용 단어**

曰可曰否(왈가왈부) – 어떤 일에 대하여 옳다 아니다 하고 말함.

宰 재상 재

뜻(집)
宰
뜻(맵다)

큰 집, 즉 나라의 살림을 맵게 하는 재상을 뜻한다. 宰 자에는 다스리다는 뜻도 있다.

■ **활용 단어**

宰相(재상) – 옛날 벼슬의 하나.
主宰(주재) – 중심이 되어 맡아 처리함. "대통령이 주재하는 회의"

討 칠 토

뜻(손)
뜻(말)

이 글자는 특이하게 각각의 부수가 각각의 뜻을 가지고 있다. 손으로 치는 모습에서 치다와 말로 따지는 모습에서 따지다는 뜻으로 쓰인다.

- **활용 단어**

  討罰(토벌) – 쳐서 벌을 줌.
  討議(토의) – 따지고 회의함.

幽 그윽할 유

뜻(작다)
뜻(산, 山)

산속에 작고 작은 것들이
모여 있으니 그윽하다.
그윽한 곳은 밝지 않으므로
어둡다는 뜻으로도 쓰인다.

- **활용 단어**

  深山幽谷(심산유곡) – 깊은 산의 그윽한 골짜기.
  幽明(유명) – 어둠과 밝음을 뜻하며, 저승과 이승을 의미하기도 함.
  "유명을 달리하다"

漆 옻 칠

뜻(물) 뜻(나무)
모양
뜻(물, 水)

글자의 오른쪽 부분은 옻나무에 그은 상처에서 나오는 진액의 모습이다. 또한 옻나무 진액으로 칠하여 마르면 검은색이 나온다.

- **활용 단어**

  漆器(칠기) – 옻칠을 한 그릇.
  漆板(칠판) – 검은 색의 판.

祥 상서로울 상

뜻(신)
뜻(양)

신에게 양을 바쳐
상서로운 일이 일어나기를
기원하다.

■ **활용 단어**

- 祥瑞(상서) – 좋은 일이 일어날 조짐. "상서롭다"
- 不祥事(불상사) – 상서롭지 못한 일.

鮮 생선 선

뜻(洋, 바다)
뜻(물고기)

두 글자 즉 '물고기 어(魚)'와 '큰 바다 양(洋)'이 합하여진 글자로 이해하라.
큰 바다에서 잡은 생선이 싱싱하고 깨끗하다.

■ **활용 단어**

生鮮(생선) – 물에서 잡은 그대로의 물고기.
新鮮(신선) – 새롭고 싱싱함.
鮮明(선명) – 깨끗하고 분명함.

再 두번 재

그림을 보면서 두 번이라는 뜻을 연상하라.

- **활용 단어**

  再建(재건) – 다시 세움.
  再演(재연) – 다시 상연함.

軟 부드러울 연

뜻(입을 크게)
軟
뜻(차)

옛날사람이 요즘 자동차를 보면 입을 크게 벌릴 정도로 차가 부드럽게 나가는 모습을 연상하라. 軟 자에는 약하다는 뜻도 있다.

- **활용 단어**

  柔軟(유연) – 부드러움.
  軟弱(연약) – 약함.

 여름 하

매암매암

여름에 우는 매미를 본뜬 글자이다.

■ **활용 단어**

夏服(하복) – 여름에 입는 옷.
夏至(하지) – 계절의 하나.

類 무리 류

뜻(쌀) 뜻(머리)
뜻(개)

→ 곡식류

→ 동물류

→ 인간류

쌀은 곡식을, 개는 동물을, 머리는 인간의 무리를 각각 대표하는 것으로 보라. 類 자에는 비슷하다는 뜻도 있다.

■ **활용 단어**

鳥類(조류) – 새무리.
類似(유사) – 서로 비슷함.

針 바늘 침

뜻(금속) 針 모양

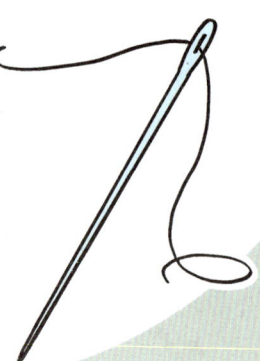

글자의 오른쪽 부분은 금속으로 된 바늘에 바늘귀가 있는 모습을 연상하라.

■ 활용 단어

一鍼(일침) – 침 한 대라는 뜻으로, 따끔한 충고를 의미. "일침을 놓다"
避雷針(피뢰침) – 벼락을 피하기 위하여 높은 곳에 세우는 바늘처럼 뾰족한 금속 막대기.

弔 조상할 조

뜻(활)
모양

옛날 전쟁터에서 전우가 죽으면 막대기에 활을 걸고 조상한 모습을 연상하라.

■ **활용 단어**

弔花(조화) - 조상하며 보내는 꽃.
弔旗(조기) - 조상하며 매어 단 기.

豈 어찌 기

뜻(산)

뜻(콩)

산 속에서 콩이 자라고 있으니
어찌된 일인가?
글자의 뜻은 어찌이나 쓰이는
단어는 거의 없다.

집 안에서 눈을 부릅뜬 사람을 본뜬 글자이다.
집을 '주관하다'는 뜻에서 나라는 뜻이 생겼고,
집안마다 이와 같은 일을 하는 사람은
한 사람뿐이므로 적다라는 뜻으로도 쓰인다.
寡 자에는 과부라는 뜻도 있다.

■ **활용 단어**

寡人(과인) – 임금이 자기를 가리키는 말.
獨寡占(독과점) – 독점과 과점.
寡婦(과부) – 남편이 죽고 혼자 사는 여자.

樣 모양 양

樣
- 뜻(나무)
- 음(양)
- 음(영→양)

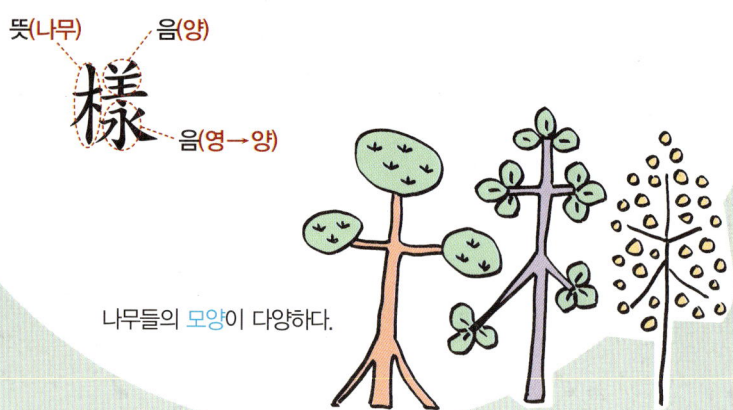

나무들의 모양이 다양하다.

■ 활용 단어

模樣(모양) – 겉으로 드러나는 모습.
多樣(다양) – 여러 가지 모양.

季 계절 계

뜻(곡식)
뜻(자식)

곡식을 키우고
자식을 키우면서
계절이 바뀌다.

■ **활용 단어**

季節(계절) - 기후에 따라서 일 년을 나눈 것
四季(사계) - 봄, 여름, 가을과 겨울.

敎 가르칠 교

모양
敎
뜻(자식) 뜻(치다)

자식을 회초리로 치면서
爻 모양의 산가지를
계산하는 법을 가르치다.

- **활용 단어**

  敎育(교육) – 가르치며 기름.
  敎師(교사) – 학생을 가르치는 사람.

均 고를 균

모양
뜻(땅)

불도저로 땅을 고르는
모습을 연상하라.

- **활용 단어**

  平均(평균) – 차이가 나지 않게 고름.
  均等(균등) – 가지런하게 고름.

薦 천거할 천

뜻(풀)
薦
모양

글자의 아랫부분은 전설상의
동물인 해태를 뜻한다.
옛날에 해태라는 신비한 동물이
현인을 천거할 때는 임금 옆에서
입에 신성한 풀을 물어서
추천하였다고 한다.

■ **활용 단어**

薦擧(천거) – 인재를 어떤 자리에 소개함.
推薦(추천) – 어떤 조건에 알맞은 대상을 소개함.

粟 조 속

뜻(덮다)
모양

껍질에 덮혀 있는 모든 낟알을 의미하다가 후에 좁쌀의 의미로 많이 쓰이게 되었다.

■ **활용 단어**

粟米(속미) – 좁쌀.
滄海一粟(창해일속) – 넓고 큰 바다에서 좁쌀 한 알이란 뜻으로,
매우 하찮은 것을 의미.

保 보호할 보

뜻(사람) / 모양

사람이 아이를 업은 모습에서
보호하다는 뜻이 생겼다.
保 자에는 책임지다는
뜻도 있다.

■ **활용 단어**

保育(보육) – 아이들을 보호하고 기름.
保險(보험) – 손해를 책임지겠다는 보증.

 탈 승

모양
뜻(나무)

사람이 나무 위에 다리를 벌리고 올라 탄 모습을 연상하라.

- **활용 단어**

  乘馬(승마) – 말을 탐.
  乘客(승객) – 탈것을 타는 사람.

菊 국화 국

뜻(풀)
뜻(싸다)
모양

꽃으로 감싼 속이
빽빽한 풀이 국화.

■ 활용 단어

菊花(국화) – 꽃이 피는 풀의 한 종류.
黃菊(황국) – 누런 빛깔의 국화.

致 이를 치

야구방망이를 들고 홈런을 친 볼이 관중석에 이르는 모습을 연상하라. 致 자에는 주다, 이루다는 뜻도 있다.

■ 활용 단어

致死(치사) – 죽음에 이름. "치사량의 수면제"
致賀(치하) – 고마운 마음을 나타내 줌. "노고를 치하하다"
致富(치부) – 부를 이룸.

雁 기러기 안

뜻(기슭)
雁 뜻(새)
뜻(사람)
음(인→안)

기슭에 사람처럼 모여
사는 새인 기러기.
참고로 鴈 자는 같은 글자이다.

■ **활용 단어**

木雁(목안) – 나무로 만든 기러기.

災 재앙 재

뜻(내, 川)
뜻(불)

글자의 윗부분은 '川(내 천)'이 변형된 모습이다.
물이 흐르는 내가 넘치거나 불로 생긴 재앙.

- **활용 단어**

  水災(수재) – 물로 생긴 재앙.
  火災(화재) – 불로 생긴 재앙.

幼 어릴 유

뜻(작다)
幼
뜻(힘)

힘이 작아 어리다.

■ **활용 단어**

幼兒(유아) – 어린아이.
幼年(유년) – 어린 나이. "유년 시절"

位 위치 위

位
뜻(서다)
뜻(사람)

사람이 서 있는 위치.
位 자에는 지위라는
뜻도 있다.

■ **활용 단어**

位置(위치) – 어떤 것이 있는 곳.
王位(왕위) – 임금의 지위.

書 글 서

뜻(붓)

모양

글자 아랫부분 曰은 벼루를 연상하라.
붓으로 벼루의 먹을 찍어 쓰는 글.
書 자에는 책이란 뜻도 있다.

- **활용 단어**

  書藝(서예) - 붓으로 예술적인 글을 쓰는 것.
  書架(서가) - 책이 꽂혀 있는 선반.

뜻(입을 크게)

모양(그릇)

뜨거운 국그릇에
입을 크게 하고
입김을 불다.

- **활용 단어**

  鼓吹(고취) – 북치고 피리를 붐. "의욕을 고취시키다"

凝 엉길 응

뜻(차다)
凝
모양

글자의 오른쪽 부분 疑는
찬물이 엉기기 시작하여
얼음이 되는 모습을
연상하라.

■ **활용 단어**

凝結(응결) – 엉기어 뭉침.
凝固(응고) – 엉겨서 굳어짐.

御 부릴 어

御 — 모양 / 뜻(나아가다)

글자의 오른쪽 부분은
말머리에 씌운 굴레를 연상하라.
나아가며 말의 고삐를 잡고
말을 부리다.
또한 옛날 임금의
경칭으로도 쓰인다.

■ **활용 단어**

制御(제어) – 통제하고 조종함. "자동 제어 장치"
御命(어명) – 임금의 명령.

搜 찾을 수

뜻(손)

모양

그림처럼 손으로
무엇을 찾다.

- **활용 단어**

  搜索(수색) – 찾음.
  搜查(수사) – 찾아서 조사함.

冥 어두울 명

모양(자궁)
모양(태아)
모양(두 손)

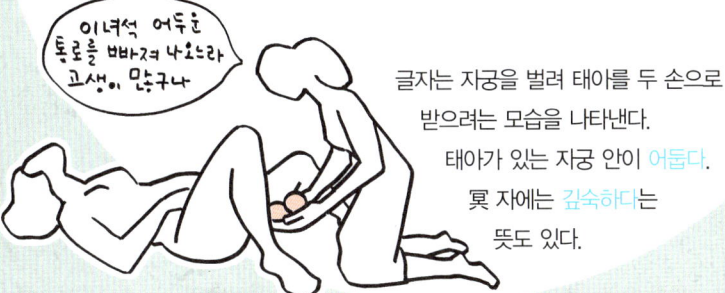

이녀석 어두운 통로를 빠져 나오느라 고생이 많구나

글자는 자궁을 벌려 태아를 두 손으로 받으려는 모습을 나타낸다. 태아가 있는 자궁 안이 어둡다. 冥 자에는 깊숙하다는 뜻도 있다.

- **활용 단어**

  冥福(명복) – 어두운 곳, 즉 저승에서 받는 복.
  冥想(명상) – 눈을 감고 깊숙하게 생각함.

善 좋을 선

- 뜻(양, 羊)
- 모양
- 뜻(입)

글자의 가운데 부분은 뼈에 붙은
고깃덩어리를 연상하라.
양고기를 입으로 먹으니
맛이 좋다는 뜻이다.
善 자에는 착하다는
뜻도 있다.

■ **활용 단어**

最善(최선) – 가장 좋은 것.
善惡(선악) – 착한 것과 악한 것.

備 갖출 비

모양
뜻(사람)

글자의 오른쪽 부분은 화살통에 화살이 가득 들어 있는 모습을 연상하라. 사람이 갖추고 준비한다는 뜻이다.

■ **활용 단어**

豫備(예비) – 미리 갖추어 놓음.
對備(대비) – 앞으로 있을 일에 대하여 미리 갖추어 놓음.

肯 옳게 여길 긍

뼈에 붙은 살코기를
즐기다는 뜻에서
옳게 여기다는 뜻이
파생되었다.

■ **활용 단어**

肯定(긍정) – 옳다고 인정함.
首肯(수긍) – 옳다고 고개를 끄덕임.

互 서로 호

고리가 서로 맞물린
상태를 연상하라.

■ **활용 단어**

相互(상호) – 상대하는 서로.
互換(호환) – 서로 바꿈. "다른 제품과 호환하다"

 향기 향

글자 형태에서
그림처럼 향기가 나는,
특이하게 생긴 병을 연상하라.

- **활용 단어**

  香氣(향기) - 좋은 냄새.
  香料(향료) - 향기가 나는 재료.

 갈 지

그림의 장면에서 가다는 뜻을 연상하라.
또한 우리말의 '의'에 해당되는 어조사로도 쓰인다.

- **활용 단어**

  左之右之(좌지우지) – 왼쪽으로 가게 하고 오른쪽으로 가게 하니
  　　　　　　　　　마음대로 부림.
  人之常情(인지상정) – 사람의 보통 감정. "복을 바라는 것은 인지상정"

 향할 향

벽에 난 창을 본뜬 글자로, 방향을 의미한다.

- **활용 단어**

  北向(북향) – 북쪽으로 향함.
  方向(방향) – 어떤 방위를 향함.

衰 쇠할 쇠

뜻(옷) 衰 모양

짚이나 긴 풀로 엮어 만든
도롱이를 본떴다.
도롱이의 너덜너덜한 모습에서
쇠하다는 뜻이 생겼다.

■ **활용 단어**

老衰(노쇠) - 늙어서 쇠함.
衰弱(쇠약) - 쇠하고 약함.

貌 모양 모

- 뜻(짐승)
- 모양

그림과 같은 모습의
짐승이 앉아 있는
모양을 연상하라.

■ **활용 단어**

容貌(용모) – 얼굴 모양.
外貌(외모) – 겉으로 보이는 모양.

桑 뽕나무 상

모양
桑
뜻(나무)

글자의 윗부분은 뽕나무에 달린 3개의 뽕잎을 연상하라.

■ **활용 단어**

桑田碧海(상전벽해) – 뽕나무밭이 푸른 바다가 된다는 뜻으로, 세상이 심하게 변함을 의미.

獵 사냥할 렵

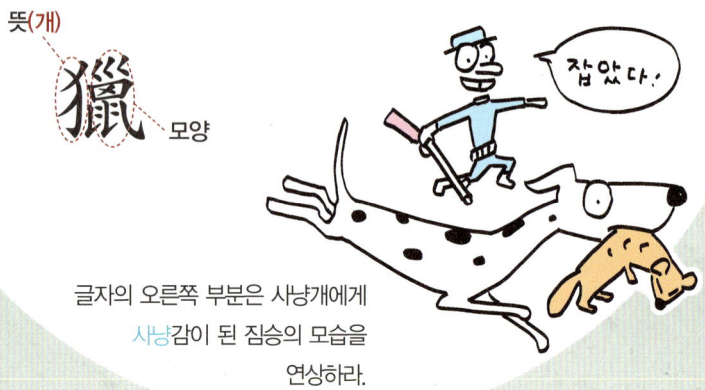

뜻(개) 獵 모양

글자의 오른쪽 부분은 사냥개에게
사냥감이 된 짐승의 모습을
연상하라.

■ **활용 단어**

狩獵(수렵) – 사냥.
密獵(밀렵) – 몰래 사냥함. "밀렵꾼"

赴 다다를 부

모양
뜻(달리다)

卜자 모양의 깃발을 들고 달려가서 다다르다.

■ **활용 단어**

赴任(부임) – 임명을 받아 일할 곳으로 감. "새로 부임한 군수"

西 서녘 서

둥지를 본뜬 글자이다.
새가 둥지에 머무는 때는
해가 서쪽으로 지는 때이므로
서녘이라는 뜻이 생겼다.

■ **활용 단어**

西向(서향) – 서쪽 방향.
西岸(서안) – 서쪽 기슭.

끌 견

모양

뜻(소)

소의 코뚜레에 고삐를 매어
소를 끌다.

■ **활용 단어**

牽引車(견인차) – 어떤 것을 끄는 차.
牽制(견제) – 끌면서 제어함.

事 일 사

모양
事
모양(손)

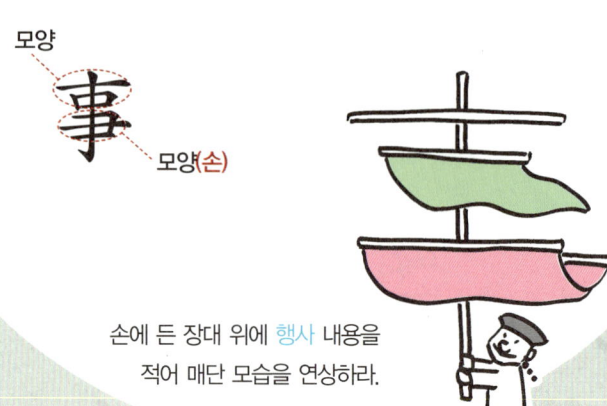

손에 든 장대 위에 행사 내용을
적어 매단 모습을 연상하라.

■ **활용 단어**

行事(행사) – 하는 일.
慶事(경사) – 축하할 일.

臺 대 대

대라는 뜻이며,
그림처럼 높이 쌓은
곳을 연상하라.

■ 활용 단어

燈臺(등대) – 바닷가나 섬에 밤에 다니는 배를 위하여 등을 켜 놓은 대.
舞臺(무대) – 춤을 공연하는 대.

軒 집 헌

뜻(차) / 모양

그림처럼 차를 두는
집을 연상하라.

- **활용 단어**

  烏竹軒(오죽헌) – 이율곡이 태어난 집으로, 뜰 안에 오죽이 있다.

似 닮을 사

뜻(사람) — 모양
뜻(사람)

그림처럼 생긴 조각물 양 옆에 있는 마네킹이 서로 닮은 모습을 연상하라.

- **활용 단어**

類似(유사) – 종류가 비슷함.
似而非(사이비) – 비슷하나 다름.

急 급할 급

- 뜻(사람)
- 모양(손)
- 뜻(마음)

사람의 손과 마음이 급하다.

■ **활용 단어**

性急(성급) – 성질이 급함.
危急(위급) – 위험하고 급함.

稱 저울질할 칭, 일컬을 칭

뜻(곡식) — 稱 — 뜻(손)
모양(저울)

손으로 곡식을 들어서 저울에 달아 무게를 가늠하는 모습에서 저울질하다는 뜻이 생겼다. 稱 자에는 일컫다는 뜻도 있다.

- **활용 단어**

  對稱(대칭) – 축을 중심으로 양 쪽이 같음.
  名稱(명칭) – 일컫는 이름.

 클 태

 뜻(크다)
 모양

그림처럼 크다는 뜻이다.

- **활용 단어**

太陽(태양) – 태양계의 중심에 있는 큰 별.
太平洋(태평양) – 오대양의 하나.

夷 오랑캐 이

夷
- 뜻(활, 弓)
- 뜻(크다, 大)

큰 활을 썼던 오랑캐.

■ **활용 단어**

東夷(동이) – 동쪽의 오랑캐라는 뜻으로, 옛날에 중국 사람이 동쪽에 사는 민족을 낮잡아 부르던 말.

以夷制夷(이이제이) – 오랑캐로 하여금 오랑캐를 제어한다는 뜻으로, 자기 힘은 사용하지 않고 한 세력으로 다른 세력을 제어하는 것을 이름.

一 한 일

하나 또는 첫째라는 뜻으로 쓰인다.

■ **활용 단어**
  一家(일가) – 한 집안.
  一等(일등) – 첫째 등급.

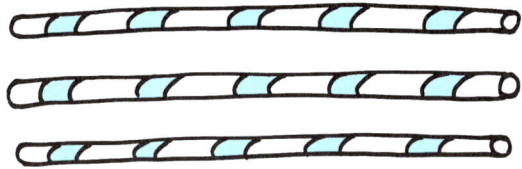

숫자 3을 의미한다.

- **활용 단어**

  三代(삼대) – 세 세대.
  三國(삼국) – 세 나라. "삼국지"

 근본 본

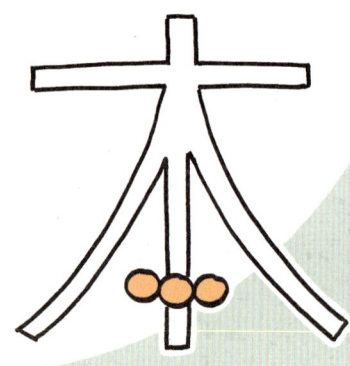

옛글자를 보면 나무뿌리에
작은 원들이 그려져 있으며,
근본이란 뜻이다.

- **활용 단어**

  根本(근본) - 뿌리가 되는 본바탕.
  基本(기본) - 기초와 근본.

栗 밤나무 률

뜻(덮다)
栗
뜻(나무)

열매가 껍질로 덮여 있는 나무인 밤나무.

■ **활용 단어**

生栗(생률) – 날밤.
李栗谷(이율곡) – 조선시대의 선비.

일부만 해석이 가능한 漢字

어떤 한자들은 일부만 해석을 해야 하는 경우가 있다.
해석을 하지 않는 이유는 여러 가지이다.
어떤 것은 글자 형태가 너무 많이 변하여 알아보기 힘들고,
어떤 것은 해석이 안 되는 경우도 있다.
이런 한자들은 억지로 해석하려 하지 말고,
그림의 도움을 받아 기억하라!

 밤 야

 뜻(사람) 뜻(저녁, 夕)

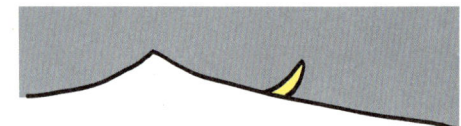

저녁 달빛으로 사람의 그림자가
길게 늘여진 밤을 연상하라.

■ **활용 단어**

深夜(심야) – 깊은 밤.
夜間(야간) – 밤 동안.

液 진 액

밤에 많이 나오는 물이
진액이라는 뜻이다.
그림처럼 나무의 진액인 수액을
뽑는 모습을 연상하라.
液 자는 더 나아가 일반적인
액체를 뜻하는데 쓰인다.

■ **활용 단어**

津液(진액) – 생물체의 몸 안에서 생겨나는 액체이며, 수액이나 체액을 의미.
液體(액체) – 물이나 기름같이 유동성이 있는 물질.

營 진영 영

뜻(불)

모양

글자의 아랫부분은
'궁궐 궁(宮)' 자의 아랫부분이다.
궁궐 주위에 불을 피우고
경비를 세워 진영을 만들다.
營 자에는 경영하다는
뜻도 있다.

- **활용 단어**

  陣營(진영) – 군대가 진을 친 곳.
  經營(경영) – 사업체나 조직을 잘 운영함.

榮 영화로울 영

뜻(불)
뜻(나무)

나무 위에 마치 불이 붙은 듯이 화려한 꽃 모습에서 영화롭다는 뜻을 연상하라.
榮 자에는 번성하다는 뜻도 있다.

■ 활용 단어

榮光(영광) - 영화롭게 빛남.
繁榮(번영) - 번성함. "물질적인 번영"

 개똥벌레 형

뜻(불)
뜻(벌레)

글자의 뜻은 반딧불이이며,
다른 말로 개똥벌레라고 한다.

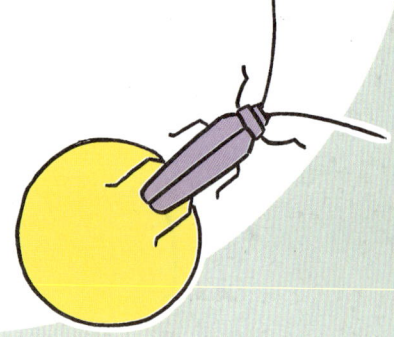

- **활용 단어**

  螢光燈(형광등) – 직역하면 반딧불과 같은 등이라는 뜻이며, 전등의 한 종류.
  螢雪之功(형설지공) – 옛날에 가난해서 반딧불이의 불빛에 글을 읽고, 눈빛에 글을 읽었다는 고사성어.

勞 일할 로

뜻(불)
뜻(힘)

불이 나니 힘써서
불을 끄는 일을 하다.
勞 자에는 지치다,
위로하다는 뜻도 있다.

■ **활용 단어**

勤勞(근로) – 부지런히 일하는 것. "근로자"
疲勞(피로) – 지침.
慰勞(위로) – 고달픔을 풀도록 따뜻하게 대하여 줌.

繼 이을 계

뜻(실)
繼
뜻(작다, 幺)

작은 것들이 실처럼 이어지다.

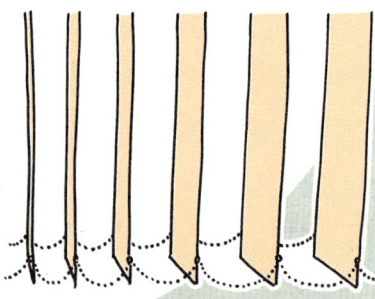

- **활용 단어**

  繼續(계속) – 이어짐.
  繼承(계승) – 이어받음.

斷 끊을 단

斷 ― 뜻(도끼)
뜻(작다, 幺)

도끼로 작게 작게 끊다.

- **활용 단어**

  切斷(절단) – 자르거나 끊음.
  斷絶(단절) – 끊음.

擊 칠 격

擊
뜻(몽둥이)
뜻(손)

손에 몽둥이를 들고 치다.

- **활용 단어**

  攻擊(공격) – 치는 것.
  擊退(격퇴) – 쳐서 물리침.

繫 맬 계

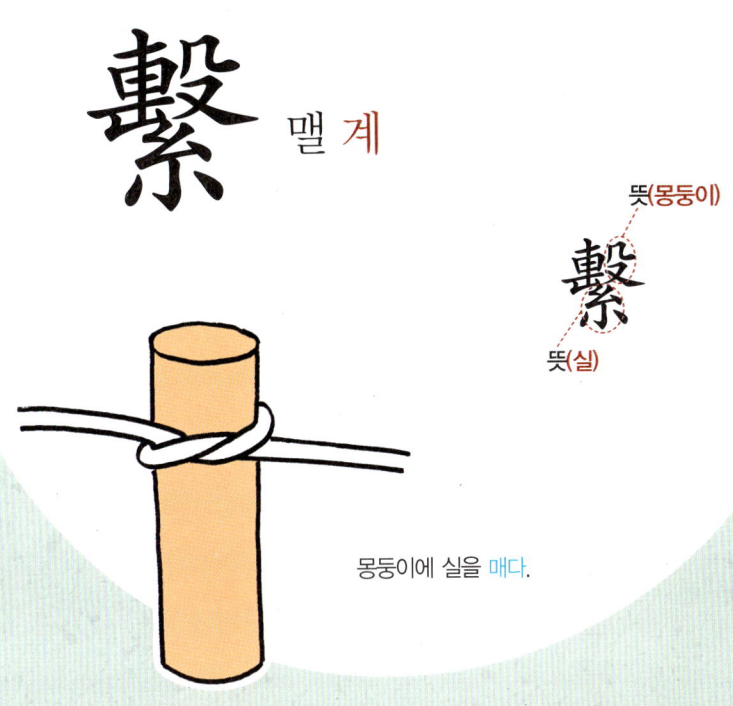

뜻(몽둥이)
繫
뜻(실)

몽둥이에 실을 매다.

- **활용 단어**

  繫留(계류) – 매어서 머무르다는 뜻이며, 어떤 것이 미해결로 남아 있음.
  　　　　　　"법원에 계류 중"
  連繫(연계) – 이어서 매는 것.

害 해칠 해

뜻(집)
뜻(입)

집에서라도 입을 함부로
놀리면 남을 해치게 된다.

- **활용 단어**

  加害(가해) – 해를 더함. "가해자"
  被害(피해) – 해를 입음. "피해자"

割 벨 할

뜻(칼)

뜻(해치다)

해친 부분을 칼로 베다.

■ **활용 단어**

分割(분할) – 나누어 베는 것.
割腹(할복) – 배를 베는 것. "할복 자살"

법 헌

뜻(그물)
뜻(마음)

마음의 양심을 근거로 하여 만든
그물, 즉 법망을 연상하라.

- **활용 단어**

  憲法(헌법) – 국가를 통치하기 위한 가장 근본적인 법.
  改憲(개헌) – 헌법을 고침.

騷 시끄러울 소

騷
- 뜻(말)
- 뜻(벌레)

벌레 때문에 말이 시끄럽게 소동을 부리다.

■ **활용 단어**

騷動(소동) – 시끄럽게 움직임.
騷亂(소란) – 시끄럽고 혼란스러움.

부수 코너

 부추 구

부추가 나 있는 모양을
본뜬 부수이다.

사용 예 : 纖(가늘 섬)

纖 가늘 섬

纖
뜻(실)
뜻(부추)

부추처럼 실이 가늘다.

■ **활용 단어**

纖細(섬세) – 가는 것.
纖維(섬유) – 가는 실과 굵은 실.

隆 높을 륭

뜻(언덕)
隆
뜻(나다)

언덕이 솟아 나서 높다.

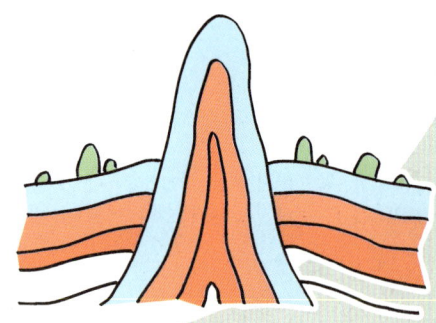

- **활용 단어**

  隆起(융기) – 높게 일어남.
  隆崇(융숭) – 대접을 높게 함. "융숭한 대접"

降 내릴 강, 항복할 항

뜻(언덕)
降

글자의 오른쪽 아래는
부수 '두 발(舛)'의 오른쪽 부분이다.
언덕 밑으로 한 발만으로
내려가는 모습을 연상하라.
降 자는 항복할 항으로도
쓰인다.

- **활용 단어**

  下降(하강) – 아래로 내려옴.
  降伏(항복) – 상대편에게 굴복함.

寧 편안할 녕

집에서 마음껏
그릇의 음식을 먹으니
편안하다.

- **활용 단어**
- 安寧(안녕) – 편안함.

選 가릴 선

뜻(나아가다)
選
뜻(함께)

글자 가운데에 있는
共은 '함께 공(共)'이다.
함께 나아가는 사람들 중에서
한 사람을 가리다.

■ **활용 단어**

選擇(선택) – 가려서 뽑음.
競選(경선) – 경쟁하며 가리는 것.

遲 더딜 지

遲
- 뜻(나아가다)
- 뜻(엉거주춤)
- 뜻(소)

소 위에 엉거주춤하니 앉아
나아가니 더디 가다.

- **활용 단어**

  遲刻(지각) – 정해진 시각보다 더디게 도착하는 것.
  遲延(지연) – 더디게 끄는 것.

邊 가 변

邊 뜻(사방)
뜻(나아가다)

사방으로 나아가면 가장자리에 이른다.

■ **활용 단어**

邊方(변방) – 가장자리 지역.
周邊(주변) – 가장자리 둘레.

慶 경사 경

뜻(사슴, 鹿)

뜻(마음)

글자의 윗부분은 부수 '사슴 록(鹿)'의 변형이다. 임금에게서 사슴을 하사받아 마음으로 즐거워하는 경사를 연상하라.

■ **활용 단어**

慶事(경사) – 기뻐하고 축하할 일.
慶祝日(경축일) – 경사스럽게 축하할 날.

携 들 휴

携 — 뜻(새)
뜻(손)

손으로 새를 들다.

■ **활용 단어**

携帶(휴대) – 손에 들거나 몸에 지님.
提携(제휴) – 서로 붙들어 줌. "기술 제휴"

竊 훔칠 절

뜻(동굴)
뜻(분별하다)

동굴 속에 들어가
재물을 분별하여 훔치다.

■ **활용 단어**

竊盜(절도) – 몰래 훔침. "절도범"
剽竊(표절) – 남의 것을 몰래 따다가 훔쳐서 씀. "남의 작품을 표절하다"

誇 자랑할 과

誇
- 뜻(크다)
- 뜻(말)

말로 실체보다 더 크게 자랑하다.

■ 활용 단어

誇示(과시) – 자랑하며 보임. "세력 과시"
誇大(과대) – 작은 것을 큰 것처럼 자랑함.

素 흴 소

 뜻(실)

실이 희다는 뜻이다.
또한 흰 실은 모든 색깔 있는
실의 바탕이다.

- **활용 단어**

  素服(소복) – 하얀 옷으로, 흔히 상복으로 입는다.
  素材(소재) – 바탕이 되는 재료.

表 겉 표

뜻(옷, 衣)

옷 겉면에 털이 많이 있는
모습을 연상하라.
表 자에는 도표와 같은
표라는 뜻도 있다.

■ **활용 단어**

表皮(표피) – 겉가죽.
圖表(도표) – 그림표.

喪 초상 상

상복을 입은 사람들이
입으로 우는 초상을 뜻한다.
喪 자에는 잃다는 뜻도 있다.

■ **활용 단어**

喪家(상가) – 초상 난 집.
喪失(상실) – 잃어버림.

傲 거만할 오

뜻(사람)

傲

사람이 거만하다.

- **활용 단어**

  傲慢(오만) – 거만함.
  傲視(오시) – 거만하게 봄.

戚 친척 척

모양(콩)

우리는 친척

글자의 안쪽 尗은 '叔(숙)'을 참조하라.
콩 껍질 속의 콩들처럼 가까운
친척이란 뜻이다.

■ **활용 단어**

外戚(외척) – 어머니 쪽의 친척.
姻戚(인척) – 혼인으로 맺어진 친척.

厚 두꺼울 후

厚 뜻(기슭)

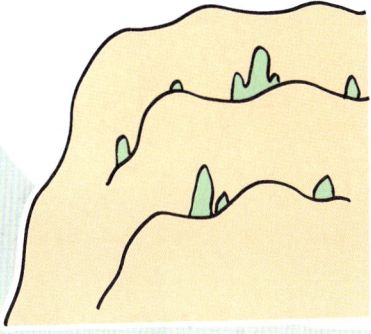

기슭이 두껍다.
厚 자에는 두텁다,
짙다는 뜻도 있다.

■ **활용 단어**

厚顔無恥(후안무치) – 얼굴이 두껍고 부끄러움이 없음.
厚待(후대) – 두텁게 대접함.
濃厚(농후) – 매우 짙음.

存 있을 존

뜻(사람, 亻)

뜻(자식)

사람이 자식을 통하여
이 세상에 있다.

■ 활용 단어

存在(존재) – 실제로 있음.
實存(실존) – 실제로 존재함.

在 있을 재

뜻(사람, 亻)
在
뜻(땅)

사람이 땅 위에 있다.

■ **활용 단어**

存在(존재) – 실제로 있음.
現在(현재) – 지금 있는 시간.

帝 임금 제

천으로 치장한 임금.

- **활용 단어**
- 皇帝(황제) – 왕이나 제후를 거느린 임금.

茶 차 다, 차 차

뜻(풀)
茶

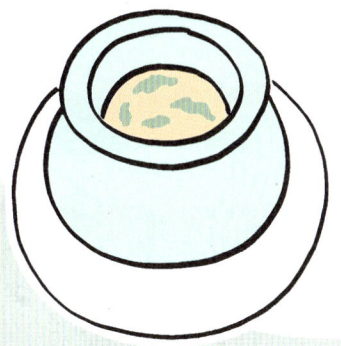

풀로 만든 차란 뜻이다.
음이 차로 읽히기도 한다.

■ **활용 단어**

茶道(다도) – 차를 만들거나 대접하거나 마실 때의 방식과 예절.
綠茶(녹차) – 차의 한 종류.

 봉황새 **봉**

뜻(새)

상상의 새인 봉황새.

■ **활용 단어**
■ 鳳凰(봉황) – 상상의 새.

獸 짐승 수

뜻(짐승)

獸

모든 짐승을 뜻한다.

- **활용 단어**

  猛獸(맹수) – 사나운 짐승.
  怪獸(괴수) – 괴상하게 생긴 짐승.

散 흩을 산

뜻(치다)

散

몽둥이로 쳐서 흩어지게 하다.

- **활용 단어**

  解散(해산) – 해체되어 흩어짐.
  分散(분산) – 갈라져 흩어짐.

收 거둘 수

뜻(치다)
收

불량배들이 몽둥이를 들고 쳐서 가게에서 강제로 돈을 거두는 모습을 연상하라. 收 자에는 잡다는 뜻도 있다.

- **활용 단어**

  收金(수금) – 돈을 거두는 것.
  收監(수감) – 잡아서 가둠.

以 부터 이

以 뜻(사람)

모든 기준은 사람으로부터 시작한다.
~으로써란 뜻으로도 쓰인다.

- **활용 단어**

  以上(이상) – 어떤 기준으로부터 위.
  以熱治熱(이열치열) – 열로써 열을 다스림.

節 마디 절

뜻(대나무)

대나무에 있는 마디.
節 자에는 절기, 기념일, 규칙, 절개,
절약하다의 뜻도 있다.

■ 활용 단어

關節(관절) – 뼈와 뼈가 연결되는 마디.
季節(계절) – 기후에 따라서 일 년을 나눈 것.
開天節(개천절) – 단군이 나라를 세운 날.
節度(절도) – 행동에 규칙이 있음. "군인들이 절도 있게 행진하다"
貞節(정절) – 여자의 곧은 절개.
節約(절약) – 아낌.

汚 더러울 오

뜻(물)

물이 더럽다.

- **활용 단어**

  汚水(오수) – 더러운 물.
  汚染(오염) – 더럽게 물드는 것.

緣 인연 연

뜻(실)

실처럼 이어진 인연.

- **활용 단어**

  因緣(인연) – 둘 사이에 맺어지는 관계.
  絶緣(절연) – 인연을 끊음.

遷 옮길 천

뜻(나아가다)

나아가며 옮기다.
遷 자에는 바뀌다라는
뜻도 있다.

■ 활용 단어

遷都(천도) – 도읍을 옮김.
變遷(변천) – 변하고 바뀜. "음악 변천사"

遣 보낼 견

뜻(나아가다)
辶

나아가라고 보내다.

- **활용 단어**

派遣(파견) – 어떤 임무를 주어 사람을 보냄.

聘 부를 빙

뜻(귀)

聘

귀로 들을 수 있도록
연주회에 부르는
모습을 연상하라.
聘 자에는 장가들다는
뜻도 있다.

■ 활용 단어

- 招聘(초빙) – 예를 갖추어 초청하여 부름.
- 聘母(빙모) – 장모.

邦 나라 방

마을들로 이루어진 나라.

- **활용 단어**

  異邦人(이방인) – 다른 나라 사람.
  友邦(우방) – 우호적인 나라.

怪 괴이할 괴

뜻(마음)

怪

마음으로 괴이하게 생각하다.

- **활용 단어**

  怪異(괴이) – 이상야릇함. "괴이한 소리"
  怪常(괴상) – 괴이하고 이상함.

對 대할 대

뜻(손)

손으로 대하다.

- **활용 단어**

  相對(상대) – 서로 마주 대함.
  對敵(대적) – 적을 마주 대함.

泰 클 태

泰 ···· 뜻(물, 水)

물이 사시사철 흐르는
큰 강을 연상하라.
泰 자에는 편안하다는
뜻도 있다.

■ **활용 단어**

泰山(태산) – 높고 큰 산.
天下泰平(천하태평) ·· 천하가 편안함.

奏 연주할 주

奏 모양

글자의 아랫부분 夭는 바이올린을 연주하면서 머리를 한쪽으로 기울인 모습을 연상하라.

- **활용 단어**

獨奏(독주) – 한 사람이 연주하는 것.
演奏(연주) – 악기를 다루어 음악을 들려주는 것.

添 더할 첨

뜻(물)

물을 더하다.

■ **활용 단어**

添加(첨가) – 더하여 보탬.
添附(첨부) – 덧붙이는 것.

別 나눌 별

別 ← 뜻(칼)

칼로 나누다.
別 자에는 다르다는
뜻도 있다.

- **활용 단어**

  區別(구별) – 구분하여 나눔.
  別途(별도) – 다른 방면. "별도의 방법으로"
  　　　　　다른 용도. "별도로 마련하다"

窓 창문 창

뜻(구멍)

뻥 뚫린 구멍 모양인
창문을 뜻한다.

- **활용 단어**

  鐵窓(철창) – 쇠로 만든 창살이 있는 창. "철창 신세"
  車窓(차창) – 차에 달린 창.

瞬 눈 깜짝할 순

뜻(눈)
瞬

깜박

눈을 깜짝하다.

- **활용 단어**

瞬間(순간) – 눈을 깜짝할 정도로 짧은 동안.
一瞬間(일순간) – 아주 짧은 순간.

慰 위로할 위

慰
뜻(마음)

마음으로 위로하다.

■ **활용 단어**

慰勞(위로) – 고달픔을 풀도록 따뜻하게 대하여 줌.
慰問(위문) – 위로하기 위하여 방문함.

陵 언덕 릉

陵
뜻(언덕)

언덕이란 뜻이다.
언덕 모양으로 크게 만든
임금의 무덤을
뜻하기도 한다.

■ **활용 단어**

丘陵(구릉) – 언덕.
王陵(왕릉) – 임금의 무덤.

送 보낼 송

뜻(나아가다)

나아가도록 보내다.

- **활용 단어**

  運送(운송) – 실어 보냄. "배로 운송하다"
  送金(송금) – 돈을 보냄.

達 이를 달

뜻(나아가다)

나아가서 이르다.
어떤 수준에 이르니
통달하다는 뜻도 있다.

■ **활용 단어**

到達(도달) – 목적한 곳에 이름.
通達(통달) – 막힘없이 잘 아는 것. "컴퓨터에 통달하다"

昇 오를 승

뜻(해)
昇

해가 오르다.

■ **활용 단어**

昇天(승천) – 하늘에 오름.
上昇(상승) – 위로 올라감.

泥 진흙 니

뜻(물)
泥

진흙탕이네

물기가 있는 진흙.

- **활용 단어**

  泥田鬪狗(이전투구) – 진흙 밭에서 싸우는 개란 뜻으로, 자기 이익을 위해 비열하게 싸우는 것을 이름.

殺 죽일 살, 심할 쇄

뜻(몽둥이)

몽둥이로 죽이다.
전혀 다른 음인 쇄로
읽힐 때는 심하다, 감하다의
뜻으로 쓰인다.

- **활용 단어**

  殺人(살인) – 사람을 죽임.
  殺到(쇄도) – 전화, 주문 등이 한꺼번에 심하게 몰려드는 것.
  　　　　　　"주문 전화가 쇄도하다"
  相殺(상쇄) – 서로 감하여 효과가 없어짐.

展 펼 전

뜻(엉거주춤)

엉거주춤한 자세로 무엇을 펴다.

- **활용 단어**

  展開(전개) – 펴서 여는 것.
  展示(전시) – 펴서 보임.

拜 절 배

뜻(손)
拜

손을 앞으로 모으고
절을 하다.

- **활용 단어**

  歲拜(세배) – 정초에 웃어른께 하는 절.
  敬拜(경배) – 존경하며 절함.

滿 찰 만

뜻(물)

물이 가득 차다.

- **활용 단어**

  充滿(충만) – 가득 참.
  滿潮(만조) – 밀물이 꽉 찬 현상.

壓 누를 압

壓
뜻(땅)

무거운 것이 땅을 누르다.

■ **활용 단어**

壓力(압력) – 누르는 힘.
鎭壓(진압) – 눌러서 진정시킴.

春 봄 춘

春
뜻(해)

따스한 해가 비치는
봄을 뜻한다.

■ **활용 단어**

春風(춘풍) – 봄바람.
靑春(청춘) – 새싹이 새파랗게 돋아나는 봄이라는 뜻으로, 젊은 시절을 의미.

越 넘을 월

뜻(달리다)

달리며 넘다.

- **활용 단어**

  超越(초월) – 어떠한 기준을 뛰어넘음.
  追越(추월) – 뒤에서 따라가다가 앞의 것을 넘어서는 앞지름.
     "앞 차를 추월하다"

研 갈 연

뜻(돌)

돌에 갈다.
研 자에는 연구하다는
뜻도 있다.

■ **활용 단어**

研磨(연마) – 어떤 것을 갈고 닦음.
研究(연구) – 어떤 것에 대하여 깊이 있게 따져 밝혀 내는 일.

極 끝 극

뜻(나무)

나무 꼭대기의 맨 끝을 연상하라.
極 자에는 다하다, 매우의
뜻도 있다.

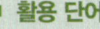

■ **활용 단어**

北極(북극) – 지구의 북쪽 끝.
極盡(극진) – 힘이나 마음을 다하여 더는 남아 있지 아니함. "극진한 사랑"
極烈(극렬) – 매우 열렬함.

沒 잠길 몰

뜻(물)

沒

물에 잠기다.

■ **활용 단어**

沒(침몰) – 물속에 가라앉음.
水沒(수몰) – 물속에 잠김.

索 동아줄 삭, 찾을 색

뜻(실)

실처럼 생긴 굵은 새끼줄이란 뜻에서
동아줄 삭이란 뜻이 생겼다.
또한 꼬인 줄을 풀기 위해서는 처음 시작 부분까지
찾아가야 하는 모습에서 찾을 색이란
뜻이 생겼다.

- **활용 단어**

  索道(삭도) – 밧줄. "가공 삭도(주로 Cable Car용 케이블을 의미)"
- 探索(탐색) – 찾음.

康 편안할 강

康 뜻(집)

집 안에 있으니 편안하다.
康 자에는 튼튼하다는
뜻도 있다.

- **활용 단어**

平康(평강) – 편안함. "위로와 평강을"
健康(건강) – 몸이 튼튼함.

 베낄 사

뜻(집)

집을 똑같이 베끼다.

■ **활용 단어**

描寫(묘사) – 그림을 그려서 베낌.
寫本(사본) – 원본을 베낌.

穀 곡식 곡

穀
뜻(곡식)

곡식이란 뜻이다.

■ **활용 단어**

穀食(곡식) – 사람이 먹는 곡물.
穀類(곡류) – 곡식 종류.

激 격할 격

뜻(물)
激

물이 격하게 흐르다.

- **활용 단어**

  激流(격류) – 격하게 흐름.
  激戰(격전) – 격하게 싸움.

鐵 쇠 철

뜻(금속)

금속의 하나인 쇠.

- **활용 단어**

  鐵橋(철교) – 쇠로 만든 다리.
  鐵絲(철사) – 쇠줄.

荒 거칠 황

뜻(풀)

풀들이 있는 모습이 거칠다.

■ **활용 단어**

荒野(황야) – 거친 들.
荒蕪地(황무지) – 버려두어서 풀들이 거친 땅.

있는 그대로 눈으로 외우는 漢字

한자의 대부분은 형성문자로서 뜻을 나타내는 부분과
음을 나타내는 부분으로 조합되어 있다.
형성문자들은 무조건 그냥 눈도장 찍듯이
배우려 하면 머릿속에서 비슷한 모양끼리 겹쳐서
연상되기 때문에 헷갈리기 쉽다.
그러나 여기에 별도로 정리한 한자들은 대부분 모습이
현저히 다르기 때문에 그냥 눈도장 찍듯이 공부해도
쉽게 기억할 수 있다.

商
장사 상, 헤아릴 상

〈활용 단어〉
商街(상가) – 상점이 많이 있는 시가.
協商(협상) – 여럿이 협력하여 의논함.

疑
의심할 의

〈활용 단어〉
疑心(의심) – 믿지 못하는 마음.
疑惑(의혹) – 의심함.

承
받아들일 승

〈활용 단어〉
承繼(승계) – 받아들여 이어감.
承認(승인) – 받아들여 인정함.

毒
독 독

〈활용 단어〉
毒殺(독살) – 독을 써서 죽임.
毒蛇(독사) – 독이 있는 뱀.

南
남녘 남

〈활용 단어〉
南極(남극) – 지구의 남쪽 끝.
南向(남향) – 남쪽 방향.

千
일천 천

〈활용 단어〉
千年(천년) – 1000년.
千里眼(천리안) – 천 리를 볼 수 있는 눈.

前
앞 전

〈활용 단어〉
前景(전경) – 앞의 경치.
前面(전면) – 앞면.

己
이미 이

〈활용 단어〉
己往之事(이왕지사) – 이미 지나간 일.

甚
심할 심

〈활용 단어〉
極甚(극심) – 매우 심함.

尋
찾을 심

〈활용 단어〉
尋訪(심방) – 찾아서 방문함.

爵
벼슬 작

〈활용 단어〉
公爵(공작) - 귀족 계급의 하나.
伯爵(백작) - 귀족 계급의 하나.

匹
필 필, 짝 필, 맞설 필

〈활용 단어〉
모시 열 필(匹)
配匹(배필) - 부부의 짝.
匹敵(필적) - 적에게 맞서서 견줄 만한 것.
　　　　"고려자기에 필적할 만한 작품"

禽
날짐승 금

〈활용 단어〉
禽獸(금수) – 날짐승과 길짐승.

曲
굽을 곡, 가락 곡

〈활용 단어〉
屈曲(굴곡) – 굽음. "해안선의 굴곡이 심하다"
名曲(명곡) – 이름난 가락.

丹
붉을 단

〈활용 단어〉
丹粧(단장) – 붉은색으로 곱게 꾸밈.
丹靑(단청) – 붉은색과 푸른색이란 뜻으로,
　　　　　　옛 건물에 칠한 색깔을 의미.
　　　　　　"사찰을 단청하다"

卓
높을 탁

〈활용 단어〉
卓越(탁월) – 높고 뛰어남. "탁월한 선택"
卓子(탁자) – 책상 모양으로 높이 만든 가구.

業
업 업

업은 '주어진 과업'으로 이해하라.

〈활용 단어〉
業務(업무) – 맡아서 하는 일.
企業(기업) – 영리를 목적으로 경제행위를
 하는 조직체.

史
역사 사

〈활용 단어〉
歷史(역사) – 세월이 지나면서 변화되는 과정.
 "인류 역사"
國史(국사) – 나라의 역사.

尺

자 척

참고로 한 자는 약 30cm 정도를 나타낸다.

〈활용 단어〉
越尺(월척) – 낚시로 잡은, 한 자가 넘는 물고기.
尺度(척도) – 길이의 표준이란 뜻으로, 어떤 대상을 판단할 때의 기준을 의미.
"돈은 행복의 척도가 되지 못한다"

丈

어른 장, 길이단위 장

참고로 한 장은 10척에 해당한다.

〈활용 단어〉
大丈夫(대장부) – 건장하고 씩씩한 어른 사내.
波瀾萬丈(파란만장) – 파고가 만장이나 된다는 뜻으로, 시련이 많은 것을 의미.

來

올 래

〈활용 단어〉
去來(거래) – 가고 오다는 뜻으로, 주고받거나 사고파는 것을 의미.
將來(장래) – 장차 올 앞날. "장래가 불투명하다"

부수 글자

麥

보리 맥

〈활용 단어〉
小麥(소맥) – 밀.
麥酒(맥주) – 술의 하나.

率
비율 률, 거느릴 솔

〈활용 단어〉
勝率(승률) – 이길 비율.
統率(통솔) – 무리를 거느림.

只
다만 지

〈활용 단어〉
只今(지금) – 다만 현재.
但只(단지) – 다만.

畢
마칠 필

〈활용 단어〉
畢生(필생) – 생명을 마칠 때까지 다함.
"필생의 작품"
檢査畢(검사필) – 검사를 마침.

年
해 년

〈활용 단어〉
來年(내년) – 다음 해.
昨年(작년) – 지난 해.

久
오랠 구

〈활용 단어〉
長久(장구) – 길고 오램. "장구한 역사"
悠久(유구) – 멀고 오램. "유구한 역사"

卿
벼슬 경

〈활용 단어〉
樞機卿(추기경) – 로마 가톨릭교회의 성직.

四
넉 사

〈활용 단어〉
四肢(사지) – 두 팔과 두 다리 모두 네 개.
四分五裂(사분오열) – 여러 갈래로 나누어지고 찢어짐.

六
여섯 륙

〈활용 단어〉
六角形(육각형) – 여섯 각으로 된 형상.
六面體(육면체) – 여섯 면으로 된 입체.

乃
곧 내

〈활용 단어〉
人乃天(인내천) – 사람이 곧 한울이라는
　　　　　　　　천도교의 기본 사상.

乙
천간의 하나 을

〈활용 단어〉
甲論乙駁(갑론을박) – 여러 사람이 서로 자신의
　　　　　　　　　주장을 내세우며
　　　　　　　　　상대편의 주장을 반박함.

庚
천간의 하나 경

갑을병정무기 **경** 신임계

癸
천간의 하나 계

갑을병정무기경신임 **계**

丑
십이지의 하나 축

자 **축** 인묘진사오미신유술해

奈
어찌 내

〈활용 단어〉
莫無可奈(막무가내) – 한번 고집하면 어찌할 수 없음.
"아무리 설명해도 막무가내다"

那

어찌 나

〈활용 단어〉
刹那(찰나) – 매우 짧은 순간. "총을 쏘려던 찰나에"
참고로 옛 인도어의 음을 나타내기
위해 차용하였다.

焉

어찌 언, 어조사 언

〈활용 단어〉
終焉(종언) – 끝남. "삶의 종언을 고하다"

於
어조사 어

〈활용 단어〉
於中間(어중간) - 거의 중간쯤 됨.
　　　　　　　"실력이 어중간하다"

矢
어조사 의

〈활용 단어〉
汝矣島(여의도) - 한강에 있는 섬.

兮

어조사 혜

· 1893 漢字 찾아보기 ·

이 책은 정부에서 공표한 상용한자 1800자를 기본으로 하였고, 그 외에 93자를 추가하여 총 1893자를 수록하였습니다.
이 책에 수록된 1893자는 한자능력검정시험 3급에 해당되는 한자 1817자를 모두 포함하였으며, 한자능력검정시험 8급~3급 한자 찾아보기는 8권 뒷부분에 별도로 첨부하였습니다.
참고로 상용한자 1800자 외에 추가로 수록한 한자들은 쉽게 구분할 수 있도록 빨간 색으로 처리하였습니다.

※ 찾아보기에서 한자 옆의 숫자는 해당 한자가 수록된 권과 페이지 표시입니다.

|가|
佳 · · · · 4-101
假 · · · · 4-124
價 · · · · 7-187
加 · · · · 3-238
可 · · · · 5-60
家 · · · · 7-215
暇 · · · · 4-125
架 · · · · 3-239
歌 · · · · 5-61
街 · · · · 4-102

|각|
刻 · · · · 5-213
却 · · · · 5-186
各 · · · · 3-192
脚 · · · · 5-187
覺 · · · · 4-85
角 · · · · 5-225
閣 · · · · 3-193

|간|
刊 · · · · 1-71
姦 · · · · 4-225
干 · · · · 1-70
幹 · · · · 6-164
懇 · · · · 5-113
看 · · · · 3-118
簡 · · · · 1-175
肝 · · · · 1-72
間 · · · · 1-174
艮 · · · · 5-112

|갈|
渴 · · · · 4-74

|감|
感 · · · · 5-72
敢 · · · · 4-231
減 · · · · 5-71
甘 · · · · 2-215
監 · · · · 3-148
鑑 · · · · 3-149

|갑|
甲 · · · · 3-140

|강|
剛 · · · · 4-72
康 · · · · 8-217
強 · · · · 8-28
江 · · · · 3-162
綱 · · · · 4-71
講 · · · · 3-204
鋼 · · · · 4-70
降 · · · · 8-161

|개|
介 · · · · 1-196
個 · · · · 5-35
慨 · · · · 2-19
改 · · · · 2-225
槪 · · · · 2-20
皆 · · · · 6-170
蓋 · · · · 5-183

開 · · · · 5-232

|객|
客 · · · · 3-198

|갱|
更 · · · · 5-196

|거|
去 · · · · 5-182
居 · · · · 5-33
巨 · · · · 4-8
拒 · · · · 4-9
據 · · · · 8-33
擧 · · · · 6-92
距 · · · · 4-10
車 · · · · 1-100

|건|
乾 · · · · 6-159
件 · · · · 6-15
健 · · · · 2-157
建 · · · · 2-156
巾 · · · · 1-41

|걸|
乞 · · · · 6-158
傑 · · · · 7-125

|검|
儉 · · · · 4-61
劍 · · · · 4-60

檢 · · · · 4-62

|격|
擊 · · · · 8-152
格 · · · · 3-194
激 · · · · 8-220
隔 · · · · 6-207

|견|
堅 · · · · 4-86
牽 · · · · 8-129
犬 · · · · 1-25
絹 · · · · 6-156
肩 · · · · 3-67
見 · · · · 1-132
遣 · · · · 8-189

|결|
決 · · · · 2-68
潔 · · · · 8-41
結 · · · · 2-151
缺 · · · · 2-70
訣 · · · · 2-69

|겸|
兼 · · · · 2-158
謙 · · · · 2-159

|경|
京 · · · · 7-68
傾 · · · · 1-189
卿 · · · · 8-237

境	4-246	計	3-61	|골|		慣	2-209
庚	8-240	階	6-171	骨	7-211	管	5-84
徑	1-104	鷄	7-93			觀	3-224
慶	8-166			|공|		貫	2-208
敬	5-128	|고|		供	4-170	關	7-142
景	7-72	古	5-28	公	3-186	館	5-83
硬	5-197	告	3-144	共	4-168		
竟	4-244	固	5-34	功	3-156	|광|	
競	5-69	姑	5-30	孔	3-99	光	7-63
經	1-102	孤	2-93	工	3-154	廣	2-172
耕	6-245	庫	1-101	恐	3-159	狂	1-27
警	5-130	故	5-32	恭	4-169	鑛	2-173
輕	1-103	枯	5-29	攻	3-157		
鏡	4-245	稿	1-153	空	3-155	|괘|	
頃	1-188	考	6-169	貢	3-158	掛	4-105
驚	5-129	苦	5-31			卦	4-104
更	5-196	顧	6-53	|과|			
		高	1-152	寡	8-95	|괴|	
|계|		鼓	8-42	果	1-244	塊	1-156
係	2-213	雇	6-52	科	1-40	壞	4-190
啓	5-73			誇	8-169	怪	8-192
契	8-40	|곡|		課	1-245	愧	1-155
季	8-97	哭	7-152	過	4-80		
戒	2-16	曲	8-230	瓜	2-92	|교|	
桂	4-103	穀	8-219			交	1-204
械	2-17	谷	1-240	|곽|		巧	6-168
溪	7-94			郭	6-197	敎	8-98
界	1-197	|곤|				校	1-205
癸	8-240	困	2-227	|관|		橋	2-62
系	2-212	坤	3-103	冠	8-76	矯	2-61
繫	8-153	昆	6-42	官	5-82	較	1-206
繼	8-150			寬	8-77	郊	1-207

247

| 喬 | 2-60 |

|구|
丘	7-126
久	8-237
九	1-200
俱	4-161
具	4-160
區	1-112
口	1-9
句	5-124
懼	3-221
拘	5-125
救	5-90
構	3-202
求	5-88
狗	5-127
球	5-89
究	1-201
舊	7-230
苟	5-126
驅	1-113
龜	3-135
購	3-203

|국|
國	6-137
局	3-79
菊	8-104

|군|
君	1-90
群	1-92
軍	7-64
郡	1-91

|굴|
| 屈 | 5-207 |

|궁|
宮	5-181
弓	1-120
窮	1-121

|권|
券	4-224
勸	3-227
卷	4-223
拳	4-222
權	3-226

|궐|
| 厥 | 4-240 |
| 蹶 | 4-241 |

|궤|
| 軌 | 1-202 |

|귀|
歸	8-56
貴	7-144
鬼	1-154
龜	3-135

|규|
叫	4-135
糾	4-134
規	6-163
閨	4-100

|균|
均	8-99
菌	5-221
龜	3-135

|극|
克	6-219
劇	8-32
極	8-214

|근|
僅	4-196
勤	4-198
斤	1-58
根	5-117
謹	4-197
近	1-59
筋	4-119

|금|
今	6-8
琴	6-9
禁	4-147
禽	8-230
金	1-228
錦	7-119

|급|
及	5-74
急	8-134
級	5-75
給	3-129

|긍|
| 肯 | 8-118 |

|기|
企	1-115
其	6-186
器	7-153
基	6-187
奇	5-66
寄	5-68
己	2-220
幾	3-132
忌	2-222
技	1-88
旗	6-190
既	2-18
期	6-188
棄	8-45
機	3-133
欺	6-189
氣	1-64
畿	3-134
祈	1-151
紀	2-223
記	2-224
豈	8-94

| 기 |
起 ···· 2-221
飢 ···· 7-235
騎 ···· 5-67
汽 ···· 1-65

| 긴 |
緊 ···· 4-88

| 길 |
吉 ···· 2-150

| 김 |
金 ···· 1-228

| 나 |
那 ···· 8-242

| 낙 |
諾 ···· 8-67

| 난 |
暖 ···· 6-226
難 ···· 4-201

| 남 |
南 ···· 8-226
男 ···· 2-245

| 납 |
納 ···· 7-239

| 낭 |
娘 ···· 5-105

| 내 |
乃 ···· 8-239
內 ···· 7-238
奈 ···· 8-241
耐 ···· 6-237

| 녀 |
女 ···· 1-50

| 년 |
年 ···· 8-236

| 념 |
念 ···· 6-14

| 녕 |
寧 ···· 8-162

| 노 |
努 ···· 2-65
奴 ···· 2-64
怒 ···· 2-66

| 농 |
農 ···· 7-15

| 뇌 |
惱 ···· 1-221
腦 ···· 1-220

| 능 |
能 ···· 7-198

| 니 |
泥 ···· 8-205

| 다 |
多 ···· 7-180
茶 ···· 8-179

| 단 |
丹 ···· 8-231
但 ···· 2-163
單 ···· 5-192
團 ···· 3-177
壇 ···· 2-166
斷 ···· 8-151
旦 ···· 2-162
檀 ···· 2-167
段 ···· 8-60
短 ···· 7-37
端 ···· 7-91

| 달 |
達 ···· 8-203

| 담 |
擔 ···· 6-60
淡 ···· 7-90
談 ···· 7-89
膽 ···· 6-61

| 답 |
畓 ···· 5-85
答 ···· 3-127
踏 ···· 5-17

| 당 |
唐 ···· 6-126
堂 ···· 3-24
當 ···· 3-25
糖 ···· 6-127
黨 ···· 3-26

| 대 |
代 ···· 6-100
大 ···· 2-110
對 ···· 8-193
帶 ···· 7-138
待 ···· 6-83
臺 ···· 8-131
貸 ···· 6-101
隊 ···· 7-179

| 덕 |
德 ···· 5-220

| 도 |
倒 ···· 2-75
刀 ···· 1-66
到 ···· 2-74
圖 ···· 2-133
塗 ···· 6-108
導 ···· 2-33

島 ···· 1-33	動 ···· 3-235	落 ···· 3-196	糧 ···· 2-147
度 ···· 6-104	同 ···· 5-46		良 ···· 5-102
徒 ···· 3-173	東 ···· 4-24	|란|	諒 ···· 7-70
挑 ···· 2-126	洞 ···· 5-47	亂 ···· 8-24	量 ···· 2-146
桃 ···· 2-128	童 ···· 5-150	卵 ···· 3-95	
渡 ···· 6-105	銅 ···· 5-48	欄 ···· 4-155	|려|
盜 ···· 4-199		蘭 ···· 4-154	勵 ···· 8-23
稻 ···· 7-231	|두|		慮 ···· 6-249
跳 ···· 2-125	斗 ···· 1-37	|람|	旅 ···· 8-16
逃 ···· 2-127	豆 ···· 6-18	濫 ···· 3-150	麗 ···· 6-247
途 ···· 6-110	頭 ···· 6-19	覽 ···· 3-151	
道 ···· 2-32	讀 ···· 7-55		|력|
都 ···· 5-246		|랑|	力 ···· 2-47
陶 ···· 6-243	|둔|	廊 ···· 5-107	曆 ···· 4-163
	屯 ···· 5-98	浪 ···· 5-104	歷 ···· 4-162
|독|	鈍 ···· 5-99	郞 ···· 5-106	鬲 ···· 6-206
毒 ···· 8-225		朗 ···· 5-103	
獨 ···· 5-229	|득|		|련|
督 ···· 4-110	得 ···· 2-164	|래|	憐 ···· 4-13
篤 ···· 7-107		來 ···· 8-234	戀 ···· 7-194
讀 ···· 7-55	|등|		練 ···· 4-153
	燈 ···· 6-23	|랭|	聯 ···· 7-143
|돈|	登 ···· 6-22	冷 ···· 5-168	蓮 ···· 1-227
敦 ···· 6-198	等 ···· 6-85		連 ···· 1-226
豚 ···· 5-209	騰 ···· 4-227	|략|	鍊 ···· 4-152
		掠 ···· 7-71	
|돌|	|라|	略 ···· 3-197	|렬|
突 ···· 4-57	羅 ···· 5-205		列 ···· 2-176
		|량|	劣 ···· 4-203
|동|	|락|	兩 ···· 1-186	烈 ···· 2-177
冬 ···· 5-164	樂 ···· 1-178	凉 ···· 7-69	裂 ···· 2-178
凍 ···· 4-25	絡 ···· 3-195	梁 ···· 4-247	

|렴|
廉 · · · · 2-160

|렵|
獵 · · · · 8-126

|령|
令 · · · · 5-166
嶺 · · · · 5-171
零 · · · · 5-167
靈 · · · · 7-151
領 · · · · 5-170

|례|
例 · · · · 2-179
禮 · · · · 7-214
隸 · · · · 8-39

|로|
勞 · · · · 8-149
爐 · · · · 5-177
老 · · · · 6-167
路 · · · · 3-200
露 · · · · 3-201

|록|
祿 · · · · 4-145
綠 · · · · 4-144
錄 · · · · 4-146
鹿 · · · · 6-246

|론|
論 · · · · 4-122

|롱|
弄 · · · · 4-230

|뢰|
賴 · · · · 2-188
雷 · · · · 3-105

|료|
了 · · · · 6-193
僚 · · · · 6-57
料 · · · · 3-222
療 · · · · 6-56

|룡|
龍 · · · · 7-216

|루|
屢 · · · · 4-185
樓 · · · · 4-184
淚 · · · · 6-192
漏 · · · · 2-233
累 · · · · 7-140

|류|
柳 · · · · 7-147
流 · · · · 6-48
留 · · · · 8-30
類 · · · · 8-91
硫 · · · · 6-49

|륙|
六 · · · · 8-238
陸 · · · · 7-246

|륜|
倫 · · · · 4-121
輪 · · · · 4-120

|률|
律 · · · · 2-219
栗 · · · · 8-141
率 · · · · 8-235

|륭|
隆 · · · · 8-160

|릉|
陵 · · · · 8-201

|리|
利 · · · · 1-184
吏 · · · · 8-12
履 · · · · 4-94
李 · · · · 1-219
梨 · · · · 1-185
理 · · · · 5-109
裏 · · · · 5-110
里 · · · · 5-108
離 · · · · 6-58
璃 · · · · 6-59

|린|
隣 · · · · 4-12

|림|
林 · · · · 3-115
臨 · · · · 8-36

|립|
立 · · · · 7-79

|마|
磨 · · · · 1-235
馬 · · · · 1-110
麻 · · · · 1-234

|막|
幕 · · · · 7-18
漠 · · · · 7-17
莫 · · · · 7-16

|만|
慢 · · · · 2-101
晚 · · · · 3-216
滿 · · · · 8-209
漫 · · · · 2-100
萬 · · · · 8-22
蠻 · · · · 7-192

|말|
末 · · · · 2-27

망
亡 ···· 5-18
妄 ···· 5-19
忘 ···· 5-21
忙 ···· 5-23
望 ···· 5-22
罔 ···· 5-26
茫 ···· 5-20
網 ···· 5-27

매
埋 ···· 5-149
妹 ···· 2-26
媒 ···· 2-218
梅 ···· 3-207
每 ···· 3-206
買 ···· 7-53
賣 ···· 7-54

맥
脈 ···· 8-15
麥 ···· 8-234

맹
孟 ···· 1-238
猛 ···· 1-239
盲 ···· 5-24
盟 ···· 1-193

면
免 ···· 3-214
勉 ···· 3-215
眠 ···· 6-17
綿 ···· 7-118
面 ···· 4-69

멸
滅 ···· 7-164

명
冥 ···· 8-115
名 ···· 1-230
命 ···· 5-169
明 ···· 1-192
銘 ···· 1-231
鳴 ···· 1-36

모
侮 ···· 3-209
冒 ···· 6-66
募 ···· 7-20
慕 ···· 7-21
暮 ···· 7-22
某 ···· 2-216
模 ···· 7-19
母 ···· 3-205
毛 ···· 3-120
謀 ···· 2-217
貌 ···· 8-124
矛 ···· 2-79
帽 ···· 6-67

목
木 ···· 1-47
牧 ···· 4-133
目 ···· 1-131
睦 ···· 7-247

몰
沒 ···· 8-215

몽
夢 ···· 4-45
蒙 ···· 6-95

묘
卯 ···· 7-146
墓 ···· 7-23
妙 ···· 3-111
廟 ···· 6-162
苗 ···· 3-90

무
務 ···· 2-80
戊 ···· 6-152
武 ···· 4-216
無 ···· 4-59
舞 ···· 4-58
茂 ···· 6-153
貿 ···· 8-31
霧 ···· 2-81
巫 ···· 7-150

묵
墨 ···· 6-215
默 ···· 4-167

문
問 ···· 1-171
文 ···· 5-236
聞 ···· 1-172
門 ···· 1-170
紋 ···· 5-237

물
勿 ···· 2-242
物 ···· 2-243

미
味 ···· 2-25
尾 ···· 3-121
微 ···· 6-144
未 ···· 2-24
眉 ···· 4-115
米 ···· 1-60
美 ···· 1-8
迷 ···· 1-61
薇 ···· 6-145

민
憫 ···· 5-238
敏 ···· 7-158
民 ···· 6-16

밀
密 ···· 4-215
蜜 ···· 4-214

|박|

博 · · · · 7-114
拍 · · · · 3-30
朴 · · · · 2-235
泊 · · · · 3-31
薄 · · · · 7-115
迫 · · · · 3-32

|반|

伴 · · · · 1-223
半 · · · · 1-222
反 · · · · 1-210
叛 · · · · 1-224
班 · · · · 1-183
盤 · · · · 3-66
般 · · · · 3-64
返 · · · · 1-211
飯 · · · · 1-212
搬 · · · · 3-65

|발|

拔 · · · · 4-51
發 · · · · 7-174
髮 · · · · 4-50

|방|

倣 · · · · 3-49
傍 · · · · 3-50
妨 · · · · 3-46
房 · · · · 3-43
放 · · · · 3-48
方 · · · · 3-42
芳 · · · · 3-47
訪 · · · · 3-44
邦 · · · · 8-191
防 · · · · 3-45
榜 · · · · 3-51

|배|

倍 · · · · 4-165
培 · · · · 4-164
拜 · · · · 8-208
排 · · · · 3-84
杯 · · · · 6-214
背 · · · · 1-139
輩 · · · · 3-85
配 · · · · 4-48
北 · · · · 1-138

|백|

伯 · · · · 3-29
白 · · · · 3-28
百 · · · · 4-31

|번|

煩 · · · · 2-63
番 · · · · 3-70
繁 · · · · 7-159
飜 · · · · 3-71

|벌|

伐 · · · · 2-9
罰 · · · · 7-87

|범|

凡 · · · · 3-152
犯 · · · · 4-228
範 · · · · 4-229
帆 · · · · 3-153

|법|

法 · · · · 5-184

|벽|

壁 · · · · 6-232
碧 · · · · 3-33
僻 · · · · 6-233

|변|

變 · · · · 7-193
辨 · · · · 3-247
辯 · · · · 3-246
邊 · · · · 8-165
便 · · · · 5-198

|별|

別 · · · · 8-197

|병|

丙 · · · · 6-154
兵 · · · · 8-74
屛 · · · · 6-54
病 · · · · 6-155
竝 · · · · 8-57
倂 · · · · 6-55

|보|

保 · · · · 8-102
報 · · · · 6-124
寶 · · · · 3-11
普 · · · · 5-96
步 · · · · 7-166
補 · · · · 7-108
譜 · · · · 5-97

|복|

伏 · · · · 1-62
卜 · · · · 2-234
復 · · · · 4-92
服 · · · · 6-125
福 · · · · 3-180
腹 · · · · 4-91
複 · · · · 4-90
覆 · · · · 4-93

|본|

本 · · · · 8-140

|봉|

奉 · · · · 6-138
封 · · · · 4-106
峯 · · · · 4-130
蜂 · · · · 4-132
逢 · · · · 4-131
鳳 · · · · 8-180
俸 · · · · 6-139

253

|부|
付 ···· 3-8
副 ···· 3-183
否 ···· 6-213
夫 ···· 3-76
婦 ···· 8-54
富 ···· 3-182
府 ···· 3-12
扶 ···· 3-77
浮 ···· 3-97
父 ···· 1-24
符 ···· 3-10
簿 ···· 7-113
腐 ···· 3-13
負 ···· 8-72
賦 ···· 4-217
赴 ···· 8-127
部 ···· 4-166
附 ···· 3-9
復 ···· 4-92
阜 ···· 2-246
孵 ···· 3-96
賻 ···· 7-112

|북|
北 ···· 1-138

|분|
分 ···· 1-96
墳 ···· 4-142
奔 ···· 7-124
奮 ···· 7-123

憤 ···· 4-143
粉 ···· 1-98
紛 ···· 1-97

|불|
不 ···· 6-212
佛 ···· 7-103
拂 ···· 7-104
弗 ···· 7-102

|붕|
朋 ···· 1-166
崩 ···· 1-167

|비|
備 ···· 8-117
卑 ···· 5-38
妃 ···· 2-226
婢 ···· 5-39
悲 ···· 3-83
批 ···· 1-137
比 ···· 1-136
碑 ···· 5-40
祕 ···· 7-133
肥 ···· 3-168
費 ···· 7-105
非 ···· 3-82
飛 ···· 3-68
鼻 ···· 8-11
匕 ···· 1-187
沸 ···· 7-106

|빈|
貧 ···· 1-99
賓 ···· 4-176
頻 ···· 7-168

|빙|
氷 ···· 4-23
聘 ···· 8-190

|사|
事 ···· 8-130
仕 ···· 2-149
似 ···· 8-133
使 ···· 8-13
史 ···· 8-232
司 ···· 5-132
四 ···· 8-238
士 ···· 2-148
寫 ···· 8-218
寺 ···· 6-78
射 ···· 1-246
巳 ···· 6-150
師 ···· 2-249
思 ···· 6-248
捨 ···· 1-233
斜 ···· 6-112
斯 ···· 6-191
查 ···· 7-39
死 ···· 7-218
沙 ···· 3-107
社 ···· 5-91
祀 ···· 6-151

私 ···· 3-185
絲 ···· 1-194
舍 ···· 1-232
蛇 ···· 4-187
詐 ···· 6-222
詞 ···· 5-133
謝 ···· 1-247
賜 ···· 7-203
辭 ···· 8-25
邪 ···· 4-17
唆 ···· 7-83

|삭|
削 ···· 2-184
朔 ···· 7-221
索 ···· 8-216

|산|
山 ···· 1-16
散 ···· 8-182
産 ···· 4-204
算 ···· 7-101
酸 ···· 7-82

|살|
殺 ···· 8-206

|삼|
三 ···· 8-139
森 ···· 4-123
蔘 ···· 5-176

|상|
上 ···· 8-70
傷 ···· 7-31
像 ···· 3-245
償 ···· 3-22
商 ···· 8-224
喪 ···· 8-172
嘗 ···· 3-23
尙 ···· 3-18
常 ···· 3-21
床 ···· 2-109
想 ···· 2-191
桑 ···· 8-125
狀 ···· 5-59
相 ···· 2-190
祥 ···· 8-86
裳 ···· 3-20
詳 ···· 8-17
象 ···· 3-244
賞 ···· 3-19
霜 ···· 2-192

|새|
塞 ···· 7-157

|색|
塞 ···· 7-157
索 ···· 8-216
色 ···· 7-176

|생|
生 ···· 1-126

省 ···· 3-110

|서|
序 ···· 5-137
庶 ···· 6-103
徐 ···· 6-113
恕 ···· 6-239
敘 ···· 6-111
暑 ···· 5-243
書 ···· 8-110
緖 ···· 5-244
署 ···· 5-245
西 ···· 8-128
誓 ···· 3-88
逝 ···· 3-89

|석|
夕 ···· 1-229
席 ···· 6-102
惜 ···· 6-181
昔 ···· 6-180
析 ···· 1-93
石 ···· 1-144
釋 ···· 7-78

|선|
仙 ···· 1-17
先 ···· 4-218
善 ···· 8-116
宣 ···· 7-160
旋 ···· 6-227
禪 ···· 5-194

線 ···· 4-19
船 ···· 5-180
選 ···· 8-163
鮮 ···· 8-87

|설|
舌 ···· 7-222
設 ···· 8-61
說 ···· 7-206
雪 ···· 6-203

|섬|
纖 ···· 8-159

|섭|
攝 ···· 2-137
涉 ···· 7-167

|성|
城 ···· 5-52
姓 ···· 1-129
性 ···· 1-128
成 ···· 5-50
星 ···· 1-127
盛 ···· 5-53
省 ···· 3-110
聖 ···· 5-16
聲 ···· 8-52
誠 ···· 5-51

|세|
世 ···· 5-141

勢 ···· 7-240
歲 ···· 7-169
洗 ···· 4-219
稅 ···· 7-210
細 ···· 7-141
說 ···· 7-206

|소|
召 ···· 2-84
小 ···· 2-181
少 ···· 3-106
所 ···· 4-183
掃 ···· 8-55
昭 ···· 2-88
消 ···· 2-183
燒 ···· 6-88
疏 ···· 6-50
笑 ···· 8-47
素 ···· 8-170
蔬 ···· 6-51
蘇 ···· 5-163
訴 ···· 7-135
騷 ···· 8-157

|속|
俗 ···· 1-241
屬 ···· 5-230
束 ···· 2-186
粟 ···· 8-101
續 ···· 7-56
速 ···· 2-187

255

|손|
孫 · · · · 2-214
損 · · · · 5-191

|솔|
率 · · · · 8-235

|송|
松 · · · · 3-187
訟 · · · · 3-189
誦 · · · · 7-100
送 · · · · 8-202
頌 · · · · 3-188

|쇄|
刷 · · · · 5-185
鎖 · · · · 6-89
殺 · · · · 8-206

|쇠|
衰 · · · · 8-123

|수|
修 · · · · 7-188
受 · · · · 6-70
囚 · · · · 7-130
垂 · · · · 6-34
壽 · · · · 5-156
守 · · · · 1-203
帥 · · · · 2-248
愁 · · · · 1-249
手 · · · · 1-85
授 · · · · 6-71
搜 · · · · 8-114
收 · · · · 8-183
數 · · · · 4-186
樹 · · · · 6-116
殊 · · · · 5-121
水 · · · · 1-21
獸 · · · · 8-181
睡 · · · · 6-35
秀 · · · · 5-138
誰 · · · · 3-220
輸 · · · · 6-210
遂 · · · · 7-178
隨 · · · · 4-114
雖 · · · · 8-29
需 · · · · 7-154
須 · · · · 4-95
首 · · · · 2-31
繡 · · · · 6-129

|숙|
叔 · · · · 4-108
孰 · · · · 6-200
宿 · · · · 4-32
淑 · · · · 4-109
熟 · · · · 6-201
肅 · · · · 6-128

|순|
巡 · · · · 1-106
循 · · · · 3-75
旬 · · · · 2-76
殉 · · · · 2-77
瞬 · · · · 8-199
純 · · · · 5-100
脣 · · · · 7-14
順 · · · · 7-195
盾 · · · · 3-74

|술|
戌 · · · · 7-162
術 · · · · 6-26
述 · · · · 6-27

|숭|
崇 · · · · 7-197

|습|
濕 · · · · 8-68
拾 · · · · 3-130
習 · · · · 5-131
襲 · · · · 7-217

|승|
乘 · · · · 8-103
僧 · · · · 2-98
勝 · · · · 4-226
承 · · · · 8-225
昇 · · · · 8-204
丞 · · · · 6-204

|시|
侍 · · · · 6-79
始 · · · · 7-49
市 · · · · 7-226
施 · · · · 7-186
是 · · · · 7-32
時 · · · · 6-80
矢 · · · · 2-59
示 · · · · 1-134
視 · · · · 1-135
試 · · · · 3-165
詩 · · · · 6-81
匙 · · · · 7-33

|식|
式 · · · · 3-164
息 · · · · 8-10
植 · · · · 5-215
識 · · · · 4-194
食 · · · · 1-42
飾 · · · · 1-43

|신|
伸 · · · · 3-101
信 · · · · 2-87
愼 · · · · 5-224
新 · · · · 3-113
晨 · · · · 7-13
申 · · · · 3-100
神 · · · · 3-102
臣 · · · · 3-147
身 · · · · 1-119
辛 · · · · 3-112
辰 · · · · 7-10

|실|
失 ···· 5-172
室 ···· 4-73
實 ···· 2-210

|심|
審 ···· 3-73
尋 ···· 8-228
心 ···· 1-125
深 ···· 8-26
甚 ···· 8-228
沈 ···· 4-140

|십|
十 ···· 2-46

|쌍|
雙 ···· 7-45

|씨|
氏 ···· 6-132

|아|
亞 ···· 6-130
兒 ···· 1-52
我 ···· 2-10
牙 ···· 4-14
芽 ···· 4-15
雅 ···· 4-16
餓 ···· 2-11
阿 ···· 5-65

|악|
岳 ···· 7-127
惡 ···· 6-131
樂 ···· 1-178

|안|
安 ···· 2-34
岸 ···· 1-75
案 ···· 2-35
眼 ···· 5-116
顔 ···· 4-205
雁 ···· 8-106

|알|
謁 ···· 4-75

|암|
巖 ···· 4-233
暗 ···· 1-237

|압|
壓 ···· 8-210
押 ···· 3-141

|앙|
仰 ···· 6-216
央 ···· 2-38
殃 ···· 2-39

|애|
哀 ···· 2-55
愛 ···· 2-14

涯 ···· 4-107

|액|
厄 ···· 7-137
額 ···· 3-199
液 ···· 8-145

|야|
也 ···· 7-182
夜 ···· 8-144
耶 ···· 6-146
野 ···· 5-135
揶 ···· 6-147

|약|
弱 ···· 4-79
約 ···· 3-94
若 ···· 8-66
藥 ···· 1-179
躍 ···· 6-241

|양|
壤 ···· 6-74
揚 ···· 7-25
楊 ···· 7-26
樣 ···· 8-96
洋 ···· 1-45
羊 ···· 1-44
讓 ···· 6-75
陽 ···· 7-24
養 ···· 1-46

|어|
御 ···· 8-113
於 ···· 8-243
漁 ···· 1-23
語 ···· 5-162
魚 ···· 1-22

|억|
億 ···· 7-85
憶 ···· 7-86
抑 ···· 6-218

|언|
焉 ···· 8-242
言 ···· 1-243

|엄|
嚴 ···· 4-232

|업|
業 ···· 8-232

|여|
予 ···· 5-134
余 ···· 6-106
如 ···· 6-238
汝 ···· 1-51
與 ···· 6-90
輿 ···· 6-93
餘 ···· 6-107

|역|
亦 ····· 7-116
域 ····· 6-136
役 ····· 8-59
易 ····· 7-202
疫 ····· 8-58
譯 ····· 7-75
逆 ····· 7-220
驛 ····· 7-74

|연|
宴 ····· 2-36
延 ····· 8-18
沿 ····· 5-178
演 ····· 6-149
然 ····· 2-102
煙 ····· 4-234
燃 ····· 2-103
燕 ····· 4-65
研 ····· 8-213
緣 ····· 8-187
軟 ····· 8-89
鉛 ····· 5-179
捐 ····· 6-157

|열|
悅 ····· 7-209
熱 ····· 7-241
閱 ····· 7-208

|염|
染 ····· 3-52
炎 ····· 7-88
鹽 ····· 8-35

|엽|
葉 ····· 6-98

|영|
影 ····· 7-73
映 ····· 2-40
榮 ····· 8-147
永 ····· 2-134
泳 ····· 2-135
營 ····· 8-146
英 ····· 2-41
詠 ····· 2-136
迎 ····· 6-217

|예|
藝 ····· 7-242
譽 ····· 6-91
豫 ····· 5-136
銳 ····· 7-207

|오|
五 ····· 5-159
傲 ····· 8-173
午 ····· 8-64
吾 ····· 5-160
嗚 ····· 1-35
娛 ····· 4-188
悟 ····· 5-161
汚 ····· 8-186
烏 ····· 1-34
誤 ····· 4-189
惡 ····· 6-131

|옥|
屋 ····· 8-50
獄 ····· 6-99
玉 ····· 1-130

|온|
溫 ····· 7-131
穩 ····· 6-115

|옹|
擁 ····· 6-38
翁 ····· 3-190
甕 ····· 6-39

|와|
瓦 ····· 6-37
臥 ····· 8-80

|완|
完 ····· 4-208
緩 ····· 6-225

|왈|
曰 ····· 8-81

|왕|
往 ····· 2-232
王 ····· 1-26

|외|
外 ····· 2-236
畏 ····· 3-40

|요|
搖 ····· 4-116
腰 ····· 2-29
要 ····· 2-28
謠 ····· 4-118
遙 ····· 4-117
樂 ····· 1-178
曜 ····· 6-242
堯 ····· 6-86
夭 ····· 8-46

|욕|
慾 ····· 3-237
欲 ····· 3-236
浴 ····· 2-185
辱 ····· 7-225

|용|
勇 ····· 7-96
容 ····· 1-117
庸 ····· 4-238
用 ····· 7-95
踊 ····· 7-97
傭 ····· 4-239

|우|
于 ····· 5-142
偶 ····· 4-180

優	2-13	源	4-21	惟	4-30	|음|	
又	1-78	遠	4-83	愈	6-208	吟	6-11
友	1-79	院	4-207	有	1-84	淫	5-9
右	2-58	願	4-22	柔	2-82	陰	6-10
宇	5-143			油	5-145	音	1-236
尤	7-171	|월|		猶	3-172	飮	4-41
愚	4-181	月	1-190	由	5-144		
憂	2-12	越	8-212	維	3-241	|읍|	
牛	2-241			裕	2-180	泣	7-191
羽	4-177	|위|		誘	5-140	邑	1-89
遇	4-182	位	8-109	遊	6-231		
郵	6-36	偉	4-52	遺	7-145	|응|	
雨	2-78	僞	3-249	酉	3-91	凝	8-112
		危	7-136	揄	6-209	應	5-41
|운|		圍	4-56				
云	2-142	委	2-42	|육|		|의|	
運	7-65	威	7-163	肉	1-67	依	1-15
雲	2-143	慰	8-200	育	8-44	儀	4-127
韻	5-190	爲	3-248			宜	7-44
		緯	4-55	|윤|		意	7-84
|웅|		胃	3-138	閏	2-206	疑	8-224
雄	8-73	衛	4-53	潤	2-207	矣	8-243
熊	7-199	謂	3-139			義	4-126
		違	4-54	|은|		衣	1-14
|원|				恩	2-120	議	4-128
元	4-206	|유|		銀	8-49	醫	8-63
原	4-20	乳	3-98	隱	6-114		
員	5-188	儒	7-155			|이|	
圓	5-189	唯	7-165	|을|		二	6-28
園	4-82	幼	8-108	乙	8-239	以	8-184
怨	8-75	幽	8-84			夷	8-137
援	6-224	悠	7-190			已	8-227

259

| 이 |
異 ···· 4-178
移 ···· 7-181
而 ···· 6-236
耳 ···· 1-173
易 ···· 7-202

| 익 |
益 ···· 2-129
翼 ···· 4-179

| 인 |
人 ···· 1-13
仁 ···· 6-29
印 ···· 8-53
因 ···· 2-118
姻 ···· 2-119
寅 ···· 6-148
引 ···· 6-122
忍 ···· 2-122
認 ···· 2-123
湮 ···· 4-235

| 일 |
一 ···· 8-138
日 ···· 1-68
逸 ···· 3-213

| 임 |
任 ···· 5-10
壬 ···· 5-8
賃 ···· 5-11

| 입 |
入 ···· 7-236

| 자 |
刺 ···· 8-20
姉 ···· 7-227
姿 ···· 6-31
子 ···· 1-54
字 ···· 1-55
恣 ···· 6-32
慈 ···· 6-173
紫 ···· 5-153
者 ···· 5-240
自 ···· 8-8
資 ···· 6-33
兹 ···· 6-172

| 작 |
作 ···· 6-220
昨 ···· 6-221
爵 ···· 8-229
酌 ···· 3-92

| 잔 |
殘 ···· 4-37

| 잠 |
暫 ···· 3-124
潛 ···· 6-72
蠶 ···· 6-73

| 잡 |
雜 ···· 4-237

| 장 |
丈 ···· 8-233
場 ···· 7-27
墻 ···· 6-77
壯 ···· 5-56
奬 ···· 2-113
將 ···· 2-112
帳 ···· 1-123
張 ···· 1-124
掌 ···· 3-27
章 ···· 4-248
粧 ···· 2-193
腸 ···· 7-28
臟 ···· 6-47
莊 ···· 5-57
葬 ···· 7-219
藏 ···· 6-46
裝 ···· 5-58
長 ···· 1-122
障 ···· 4-249
狀 ···· 5-59
薔 ···· 6-76

| 재 |
再 ···· 8-88
哉 ···· 4-139
在 ···· 8-177
宰 ···· 8-82
才 ···· 5-42
材 ···· 5-43
栽 ···· 4-138
災 ···· 8-107
裁 ···· 4-137
財 ···· 5-44
載 ···· 4-136

| 쟁 |
爭 ···· 3-58

| 저 |
低 ···· 4-42
底 ···· 4-43
抵 ···· 4-44
著 ···· 5-241
貯 ···· 2-53

| 적 |
寂 ···· 4-111
摘 ···· 4-150
敵 ···· 4-149
滴 ···· 4-151
的 ···· 3-93
積 ···· 7-60
籍 ···· 6-182
績 ···· 7-62
賊 ···· 3-211
赤 ···· 3-17
跡 ···· 7-117
適 ···· 4-148
笛 ···· 5-148
蹟 ···· 7-61

|전|
傳 ···· 3-176
全 ···· 7-237
典 ···· 5-101
前 ···· 8-227
專 ···· 3-174
展 ···· 8-207
戰 ···· 5-195
殿 ···· 8-51
田 ···· 1-195
轉 ···· 3-175
錢 ···· 4-36
電 ···· 3-104

|절|
切 ···· 7-129
折 ···· 3-86
竊 ···· 8-168
節 ···· 8-185
絕 ···· 7-177

|점|
占 ···· 2-238
店 ···· 2-239
漸 ···· 3-125
點 ···· 2-240

|접|
接 ···· 3-117
蝶 ···· 6-96

|정|
丁 ···· 2-50
井 ···· 6-244
亭 ···· 2-56
停 ···· 2-57
定 ···· 2-200
庭 ···· 5-13
廷 ···· 5-12
征 ···· 2-198
情 ···· 3-38
政 ···· 2-197
整 ···· 2-199
正 ···· 2-196
淨 ···· 3-59
程 ···· 5-15
精 ···· 3-39
訂 ···· 2-51
貞 ···· 6-140
靜 ···· 3-60
頂 ···· 2-52
呈 ···· 5-14
偵 ···· 6-141

|제|
制 ···· 5-92
堤 ···· 7-34
帝 ···· 8-178
弟 ···· 6-142
提 ···· 7-35
濟 ···· 5-249
祭 ···· 3-14
第 ···· 6-143
製 ···· 5-93
諸 ···· 5-242
除 ···· 6-109
際 ···· 3-15
題 ···· 7-36
齊 ···· 5-248

|조|
兆 ···· 2-124
助 ···· 7-42
弔 ···· 8-93
操 ···· 1-199
早 ···· 2-168
朝 ···· 6-160
條 ···· 7-189
潮 ···· 6-161
照 ···· 2-89
燥 ···· 1-198
祖 ···· 7-41
租 ···· 7-43
組 ···· 7-40
調 ···· 5-80
造 ···· 3-146
鳥 ···· 1-32

|족|
族 ···· 6-223
足 ···· 2-104

|존|
存 ···· 8-176
尊 ···· 3-170

|졸|
卒 ···· 7-248
拙 ···· 5-208

|종|
宗 ···· 7-196
從 ···· 3-80
種 ···· 3-233
終 ···· 5-165
縱 ···· 3-81
鐘 ···· 5-151

|좌|
佐 ···· 3-243
坐 ···· 1-108
左 ···· 3-242
座 ···· 1-109

|죄|
罪 ···· 5-247

|주|
主 ···· 2-228
住 ···· 2-231
周 ···· 5-78
奏 ···· 8-195
宙 ···· 5-147
州 ···· 2-44
晝 ···· 2-165
朱 ···· 5-118
柱 ···· 2-230
株 ···· 5-120

| 注 ···· 2-229
| 洲 ···· 2-45
| 珠 ···· 5-119
| 舟 ···· 3-62
| 走 ···· 2-83
| 酒 ···· 5-158
| 鑄 ···· 5-157
| 週 ···· 5-79
| 廚 ···· 6-117

|죽|
| 竹 ···· 1-48

|준|
| 俊 ···· 7-80
| 準 ···· 4-242
| 遵 ···· 3-171
| 竣 ···· 7-81

|중|
| 中 ···· 2-106
| 仲 ···· 2-107
| 衆 ···· 7-149
| 重 ···· 3-232

|즉|
| 卽 ···· 2-21
| 則 ···· 1-180

|증|
| 增 ···· 2-96
| 憎 ···· 2-95

| 曾 ···· 2-94
| 症 ···· 2-201
| 蒸 ···· 6-205
| 證 ···· 6-24
| 贈 ···· 2-97

|지|
| 之 ···· 8-121
| 只 ···· 8-235
| 地 ···· 7-183
| 志 ···· 2-152
| 持 ···· 6-82
| 指 ···· 2-91
| 支 ···· 1-86
| 智 ···· 4-29
| 枝 ···· 1-87
| 止 ···· 1-114
| 池 ···· 7-184
| 知 ···· 4-28
| 紙 ···· 6-133
| 至 ···· 2-72
| 誌 ···· 2-153
| 遲 ···· 8-164
| 識 ···· 4-194
| 旨 ···· 2-90

|직|
| 直 ···· 5-214
| 織 ···· 4-192
| 職 ···· 4-193

|진|
| 振 ···· 7-12
| 珍 ···· 6-63
| 盡 ···· 3-179
| 眞 ···· 5-222
| 辰 ···· 7-10
| 進 ···· 5-49
| 鎭 ···· 5-223
| 陣 ···· 4-27
| 陳 ···· 4-26
| 震 ···· 7-11
| 診 ···· 6-62

|질|
| 姪 ···· 2-73
| 疾 ···· 2-202
| 秩 ···· 5-173
| 質 ···· 5-77

|집|
| 執 ···· 6-202
| 集 ···· 4-236

|징|
| 徵 ···· 6-174
| 懲 ···· 6-175

|차|
| 且 ···· 7-38
| 借 ···· 6-184
| 差 ···· 6-65
| 次 ···· 6-30

| 此 ···· 5-152
| 車 ···· 1-100
| 茶 ···· 8-179

|착|
| 捉 ···· 3-169
| 着 ···· 6-64
| 錯 ···· 6-183

|찬|
| 讚 ···· 4-221
| 贊 ···· 4-220

|찰|
| 察 ···· 3-16

|참|
| 參 ···· 5-174
| 慘 ···· 5-175
| 慙 ···· 3-123
| 斬 ···· 3-122

|창|
| 倉 ···· 1-216
| 創 ···· 1-217
| 唱 ···· 1-169
| 昌 ···· 1-168
| 暢 ···· 7-30
| 窓 ···· 8-198
| 蒼 ···· 1-218

채
債 ···· 7-59
彩 ···· 3-56
採 ···· 3-54
菜 ···· 3-55

책
册 ···· 2-141
策 ···· 8-21
責 ···· 7-58

처
妻 ···· 5-81
處 ···· 7-245

척
尺 ···· 8-233
戚 ···· 8-174
拓 ···· 2-175
斥 ···· 7-134

천
千 ···· 8-226
天 ···· 2-121
川 ···· 2-43
泉 ···· 4-18
淺 ···· 4-40
薦 ···· 8-100
賤 ···· 4-38
踐 ···· 4-39
遷 ···· 8-188

철
哲 ···· 3-87
徹 ···· 6-121
鐵 ···· 8-221
撤 ···· 6-120

첨
尖 ···· 6-235
添 ···· 8-196

첩
妾 ···· 3-116
諜 ···· 6-97

청
廳 ···· 5-219
晴 ···· 3-35
淸 ···· 3-36
聽 ···· 5-218
請 ···· 3-37
靑 ···· 3-34

체
替 ···· 3-78
滯 ···· 7-139
逮 ···· 8-38
遞 ···· 7-111
體 ···· 7-213
切 ···· 7-129

초
初 ···· 2-30
抄 ···· 3-108
招 ···· 2-85
礎 ···· 5-235
秒 ···· 3-109
肖 ···· 2-182
草 ···· 2-169
超 ···· 2-86
楚 ···· 5-234

촉
促 ···· 2-105
燭 ···· 5-227
觸 ···· 5-228
蜀 ···· 5-226

촌
寸 ···· 1-82
村 ···· 1-83

총
總 ···· 4-158
聰 ···· 4-159
銃 ···· 5-203

최
催 ···· 6-41
最 ···· 2-132
崔 ···· 6-40

추
抽 ···· 5-146
推 ···· 3-218
秋 ···· 1-248
追 ···· 2-247
醜 ···· 4-99

축
丑 ···· 8-241
畜 ···· 5-154
祝 ···· 2-140
築 ···· 1-49
縮 ···· 4-33
蓄 ···· 5-155
逐 ···· 6-25
蹴 ···· 7-173

춘
春 ···· 8-211

출
出 ···· 5-206

충
充 ···· 5-202
忠 ···· 2-108
蟲 ···· 7-51
衝 ···· 3-234

취
取 ···· 2-130
吹 ···· 8-111
就 ···· 7-172
臭 ···· 8-9
趣 ···· 2-131

醉 ···· 7-249

|측|
側 ···· 1-181
測 ···· 1-182

|층|
層 ···· 2-99

|치|
値 ···· 5-217
恥 ···· 2-145
治 ···· 7-50
置 ···· 5-216
致 ···· 8-105
齒 ···· 1-116
稚 ···· 3-219

|칙|
則 ···· 1-180

|친|
親 ···· 3-114

|칠|
七 ···· 7-128
漆 ···· 8-85

|침|
侵 ···· 4-66
寢 ···· 4-68
枕 ···· 4-141

沈 ···· 4-140
浸 ···· 4-67
針 ···· 8-92

|칭|
稱 ···· 8-135

|쾌|
快 ···· 2-71

|타|
他 ···· 7-185
墮 ···· 4-112
妥 ···· 7-52
打 ···· 2-54
惰 ···· 4-113

|탁|
卓 ···· 8-231
托 ···· 4-78
濁 ···· 5-231
濯 ···· 6-240
拓 ···· 2-175
託 ···· 4-77

|탄|
彈 ···· 5-193
歎 ···· 4-202
炭 ···· 5-45
誕 ···· 8-19

|탈|
奪 ···· 7-122
脫 ···· 7-205

|탐|
探 ···· 8-27
貪 ···· 6-13

|탑|
塔 ···· 3-128

|탕|
湯 ···· 7-29
糖 ···· 6-127

|태|
太 ···· 8-136
怠 ···· 7-48
態 ···· 7-200
殆 ···· 7-47
泰 ···· 8-194
胎 ···· 7-46
兌 ···· 7-204

|택|
宅 ···· 4-76
擇 ···· 7-77
澤 ···· 7-76

|토|
吐 ···· 1-11
土 ···· 1-10

討 ···· 8-83
兎 ···· 3-212

|통|
痛 ···· 7-99
統 ···· 5-204
通 ···· 7-98
洞 ···· 5-47

|퇴|
退 ···· 8-48

|투|
投 ···· 8-62
透 ···· 5-139
鬪 ···· 6-20

|특|
特 ···· 6-84

|파|
把 ···· 3-167
播 ···· 3-72
波 ···· 1-163
派 ···· 8-14
破 ···· 1-162
罷 ···· 7-201
頗 ···· 1-164
巴 ···· 3-166

|판|
判 ···· 1-225

板 · · · · 1-214	閉 · · · · 6-68	|피|	限 · · · · 5-114
版 · · · · 1-215		彼 · · · · 1-161	韓 · · · · 6-166
販 · · · · 1-213	|포|	疲 · · · · 1-159	翰 · · · · 6-165
	包 · · · · 1-146	皮 · · · · 1-158	
|팔|	布 · · · · 2-203	被 · · · · 1-160	|할|
八 · · · · 1-95	抱 · · · · 1-148	避 · · · · 6-234	割 · · · · 8-155
	捕 · · · · 7-109		
|패|	浦 · · · · 7-110	|필|	|함|
敗 · · · · 1-31	胞 · · · · 1-149	匹 · · · · 8-229	含 · · · · 6-12
貝 · · · · 1-30	飽 · · · · 1-150	必 · · · · 7-132	咸 · · · · 5-70
	暴 · · · · 4-174	畢 · · · · 8-236	陷 · · · · 7-233
|팽|	砲 · · · · 1-147	筆 · · · · 2-211	
烹 · · · · 6-195			|합|
	|폭|	|하|	合 · · · · 3-126
|편|	幅 · · · · 3-181	下 · · · · 8-71	
便 · · · · 5-198	暴 · · · · 4-174	何 · · · · 5-62	|항|
偏 · · · · 4-213	爆 · · · · 4-175	夏 · · · · 8-90	巷 · · · · 4-172
片 · · · · 1-209		河 · · · · 5-64	恒 · · · · 7-161
篇 · · · · 4-210	|표|	荷 · · · · 5-63	抗 · · · · 4-47
編 · · · · 4-211	標 · · · · 4-98	賀 · · · · 3-240	港 · · · · 4-173
遍 · · · · 4-212	漂 · · · · 4-97		航 · · · · 4-46
	票 · · · · 4-96	|학|	項 · · · · 4-195
|평|	表 · · · · 8-171	學 · · · · 4-84	降 · · · · 8-161
平 · · · · 2-194		鶴 · · · · 3-228	行 · · · · 3-230
評 · · · · 2-195	|품|		
	品 · · · · 1-12	|한|	|해|
|폐|		寒 · · · · 7-156	亥 · · · · 5-210
幣 · · · · 2-115	|풍|	恨 · · · · 5-115	奚 · · · · 7-92
廢 · · · · 7-175	豊 · · · · 7-212	旱 · · · · 1-74	害 · · · · 8-154
弊 · · · · 2-114	風 · · · · 5-122	汗 · · · · 1-73	海 · · · · 3-208
肺 · · · · 7-228	楓 · · · · 5-123	漢 · · · · 4-200	解 · · · · 5-239
蔽 · · · · 2-116		閑 · · · · 1-242	該 · · · · 5-211

|핵|
核 ···· 5-212

|행|
幸 ···· 6-123
行 ···· 3-230

|향|
享 ···· 6-196
向 ···· 8-122
鄕 ···· 2-22
響 ···· 2-23
香 ···· 8-120

|허|
虛 ···· 3-142
許 ···· 8-65

|헌|
憲 ···· 8-156
獻 ···· 8-79
軒 ···· 8-132

|험|
險 ···· 4-63
驗 ···· 4-64

|혁|
革 ···· 2-189

|현|
懸 ···· 3-137
玄 ···· 5-86
現 ···· 1-133
絃 ···· 5-87
縣 ···· 3-136
賢 ···· 4-87
顯 ···· 8-69
見 ···· 1-132

|혈|
穴 ···· 1-118
血 ···· 7-148

|혐|
嫌 ···· 2-161

|협|
協 ···· 2-48
脅 ···· 2-49

|형|
亨 ···· 6-194
兄 ···· 2-138
刑 ···· 4-34
形 ···· 4-35
螢 ···· 8-148
衡 ···· 3-231

|혜|
兮 ···· 8-244
惠 ···· 3-178
慧 ···· 6-177
彗 ···· 6-176

|호|
乎 ···· 5-54
互 ···· 8-119
呼 ···· 5-55
好 ···· 1-56
戶 ···· 3-41
毫 ···· 5-201
浩 ···· 3-145
湖 ···· 5-37
胡 ···· 5-36
虎 ···· 1-18
號 ···· 1-19
護 ···· 6-230
豪 ···· 5-200

|혹|
惑 ···· 6-135
或 ···· 6-134

|혼|
昏 ···· 5-94
婚 ···· 5-95
混 ···· 6-43
魂 ···· 2-144

|홀|
忽 ···· 2-244

|홍|
弘 ···· 4-209
洪 ···· 4-171
紅 ···· 3-160
鴻 ···· 3-161

|화|
化 ···· 1-140
和 ···· 1-39
火 ···· 1-80
畫 ···· 7-120
禍 ···· 4-81
禾 ···· 1-38
花 ···· 1-142
華 ···· 7-57
話 ···· 7-224
貨 ···· 1-141

|확|
擴 ···· 2-174
確 ···· 3-229
穫 ···· 6-229

|환|
丸 ···· 6-199
患 ···· 8-78
換 ···· 6-118
歡 ···· 3-225
環 ···· 4-156
還 ···· 4-157
喚 ···· 6-119

|활|
活 ···· 7-223

|황|
況 ···· 2-139
皇 ···· 1-28
荒 ···· 8-222
黃 ···· 2-170

|회|
回 ···· 1-20
悔 ···· 3-210
懷 ···· 4-191
會 ···· 3-191
灰 ···· 1-81

|획|
劃 ···· 7-121
獲 ···· 6-228

|횡|
橫 ···· 2-171

|효|
孝 ···· 6-178
效 ···· 1-208
曉 ···· 6-87

|후|
侯 ···· 6-44
候 ···· 6-45
厚 ···· 8-175
後 ···· 7-244

|훈|
訓 ···· 6-211

|훼|
毀 ···· 7-232

|휘|
揮 ···· 7-66
輝 ···· 7-67

|휴|
休 ···· 1-76
携 ···· 8-167

|흉|
凶 ···· 1-176
胸 ···· 1-177

|흑|
黑 ···· 2-237

|흡|
吸 ···· 5-76

|흥|
興 ···· 6-94

|희|
喜 ···· 8-43
希 ···· 2-204
戲 ···· 3-143
稀 ···· 2-205

267

· 부수 찾아보기 ·

부수는 옥편에서 한자를 찾기 위한 길라잡이 역할을 합니다. 또한 한자에서 뜻을 나타내는 부분은 대개 부수에 해당됩니다
우리가 잘 알고 있는 '물 수(水)', '흙 토(土)' 등이 이러한 부수에 해당됩니다.
그러나 아무런 뜻 없이 한자 형태의 일부로만 쓰이는 부수도 있습니다. 예를 들어 '돼지 해(亥)'자의 머리 부분에 있는 부수 ㅗ 는 '돼지해머리'로 부르나 아무 뜻도 지니지 않습니다.
한자 책들마다 부수 명칭이 조금씩 다르므로 이 책에서는 전국한자교육추진총연합회에서 제시한 부수 명칭을 인용하였습니다.

※ 찾아보기에서 부수 한자 옆의 숫자는 해당 한자가 수록된 권과 페이지 표시입니다. 이 책들에 실리지 않은 부수는 표시하지 않았습니다.

· 1획 ·

- 一 한 일 ···· 8-138
- ㅣ 위아래 통할 곤
- 丶 심지 주
- 丿 좌로 삐칠 별
- 乙 새 을 ···· 8-239
- 亅 갈고리 궐

· 2획 ·

- 二 두 이 ···· 6-28
- 亠 돼지해머리 두
- 人 사람 인 ···· 1-13
- 儿 밑 사람 인 ···· 4-243
- 入 들 입 ···· 7-236
- 八 여덟 팔 ···· 1-95
- 冂 멀 경
- 冖 덮을 멱 ···· 6-69
- 冫 얼음 빙 ···· 4-23
- 几 안석 궤 ···· 7-234
- 凵 입 벌릴 감
- 刀 칼 도 ···· 1-66
- 力 힘 력 ···· 2-47
- 勹 쌀 포 ···· 1-145
- 匕 비수 비 ···· 1-187
- 匚 상자 방 ···· 1-111

- 匸 감출 혜 ···· 1-111
- 十 열 십 ···· 2-46
- 卜 점 복 ···· 2-234
- 卩 병부 절
- 厂 언덕 엄 ···· 1-69
- 厶 옛 사사로울 사 ···· 3-184
- 又 또 우 ···· 1-78

· 3획 ·

- 口 입 구 ···· 1-9
- 囗 에울 위 ···· 2-117
- 土 흙 토 ···· 1-10
- 士 선비 사 ···· 2-148
- 夂 뒤져올 치 ···· 7-243
- 夊 천천히 걸을 쇠 ···· 7-243
- 夕 저녁 석 ···· 1-229
- 大 큰 대 ···· 2-110
- 女 계집 녀 ···· 1-50
- 子 아들 자 ···· 1-54
- 宀 집 면 ···· 1-53
- 寸 마디 촌 ···· 1-82
- 小 작을 소 ···· 2-181
- 尢 절름발이 왕 ···· 7-170
- 尸 주검 시 ···· 3-119
- 屮 왼손 좌

- 山 뫼 산 ···· 1-16
- 川, 巛 내 천 ···· 2-43
- 工 장인 공 ···· 3-154
- 己 몸 기 ···· 2-220
- 巾 수건 건 ···· 1-41
- 干 방패 간 ···· 1-70
- 幺 작을 요 ···· 3-131
- 广 바윗집 엄 ···· 1-107
- 廴 길게 걸을 인 ···· 2-154
- 廾 받들 공 ···· 2-15
- 弋 주살 익 ···· 3-163
- 弓 활 궁 ···· 1-120
- 彐 돼지머리 계
- 彡 무늬 삼 ···· 3-57
- 彳 조금 걸을 척 ···· 1-105

· 4획 ·

- 心 마음 심 ···· 1-125
- 戈 창 과 ···· 2-8
- 戶 지게 호 ···· 3-41
- 手 손 수 ···· 1-85
- 支 지탱할 지 ···· 1-86
- 攴(攵) 칠 복 ···· 1-29
- 文 글월 문 ···· 5-236
- 斗 말 두 ···· 1-37

斤 날 근 ····· 1-58
方 모 방 ····· 3-42
旡 없을 무
日 날 일 ····· 1-68
曰 가로 왈 ····· 8-81
月 달 월 ····· 1-190
木 나무 목 ····· 1-47
欠 하품 흠 ····· 3-223
止 그칠 지 ····· 1-114
歹 살 발린 뼈 알 ····· 2-37
殳 창 수 ····· 3-63
毋 말 무
比 견줄 비 ····· 1-136
毛 터럭 모 ····· 3-120
氏 각시 씨 ····· 6-132
气 기운 기 ····· 1-63
水 물 수 ····· 1-21
火 불 화 ····· 1-80
爪 손톱 조 ····· 3-53
父 아비 부 ····· 1-24
爻 점괘 효
爿 장수 장 ····· 2-111
片 조각 편 ····· 1-209
牙 어금니 아 ····· 4-14
牛 소 우 ····· 2-241

犬 개 견 ····· 1-25
辶 쉬엄쉬엄 갈 착 ····· 1-57

· 5획 ·

玄 검을 현 ····· 5-86
玉 구슬 옥 ····· 1-130
瓜 오이 과 ····· 2-92
瓦 기와 와 ····· 6-37
甘 달 감 ····· 2-215
生 날 생 ····· 1-126
用 쓸 용 ····· 7-95
田 밭 전 ····· 1-195
疋 필 필 ····· 5-233
疒 병 질 ····· 1-157
癶 걸음 발
白 흰 백 ····· 3-28
皮 가죽 피 ····· 1-158
皿 그릇 명 ····· 1-191
目 눈 목 ····· 1-131
矛 창 모 ····· 2-79
矢 화살 시 ····· 2-59
石 돌 석 ····· 1-144
示 보일 시 ····· 1-134
禸 짐승 발자국 유
禾 벼 화 ····· 1-38

穴 구멍 혈 ····· 1-118
立 설 립 ····· 7-79

· 6획 ·

竹 대 죽 ····· 1-48
米 쌀 미 ····· 1-60
糸 실 사 ····· 1-94
缶 장군 부 ····· 2-67
网 그물 망 ····· 5-25
羊 양 양 ····· 1-44
羽 깃 우 ····· 4-177
老 늙을 로 ····· 6-167
而 말 이을 이 ····· 6-236
耒 쟁기 뢰 6-179
耳 귀 이 ····· 1-173
聿 붓 율 ····· 2-155
肉 고기 육 ····· 1-67
臣 신하 신 ····· 3-147
自 스스로 자 ····· 8-8
至 이를 지 ····· 2-72
臼 절구 구 ····· 7-229
舌 혀 설 ····· 7-222
舛 어그러질 천 ····· 4-11
舟 배 주 ····· 3-62

271

艮 머무를 간 ····· 5-112
色 빛 색 ····· 7-176
艸 풀 초 ····· 1-143
虍 호랑이무늬 호
虫 벌레 충 ····· 4-129
血 피 혈 ····· 7-148
行 다닐 행 ····· 3-230
衣 옷 의 ····· 1-14
襾 덮을 아 ····· 4-89

· 7획 ·

見 볼 견 ····· 1-132
角 뿔 각 ····· 5-225
言 말씀 언 ····· 1-243
谷 골 곡 ····· 1-240
豆 콩 두 ····· 6-18
豕 돼지 시 ····· 5-199
豸 맹수 치 ····· 5-111
貝 조개 패 ····· 1-30
赤 붉을 적 ····· 3-17
走 달아날 주 ····· 2-83
足 발 족 ····· 2-104
身 몸 신 ····· 1-119
車 수레 거 ····· 1-100
辛 매울 신 ····· 3-112

辰 별 진 ····· 7-10
邑 고을 읍 ····· 1-89
酉 닭 유 ····· 3-91
釆 분별할 변 ····· 3-69
里 마을 리 ····· 5-108

· 8획 ·

金 쇠 금 ····· 1-228
長 긴 장 ····· 1-122
門 문 문 ····· 1-170
阜 언덕 부 ····· 2-246
隶 미칠 이 ····· 8-37
隹 새 추 ····· 3-217
雨 비 우 ····· 2-78
靑 푸를 청 ····· 3-34
非 아닐 비 ····· 3-82

· 9획 ·

面 얼굴 면 ····· 4-69
革 가죽 혁 ····· 2-189
韋 다룸가죽 위
韭 부추 구 ····· 8-158
音 소리 음 ····· 1-236
頁 머리 혈 ····· 1-165
風 바람 풍 ····· 5-122

飛 날 비 ····· 3-68
食 밥 식 ····· 1-42
首 머리 수 ····· 2-31
香 향기 향 ····· 8-120

· 10획 ·

馬 말 마 ····· 1-110
骨 뼈 골 ····· 7-211
高 높을 고 ····· 1-152
髟 머리털 날릴 표 ····· 4-49
鬥 싸울 투 ····· 6-21
鬯 술 창
鬲 솥 력 ····· 6-206
鬼 귀신 귀 ····· 1-154

· 11획 ·

魚 물고기 어 ····· 1-22
鳥 새 조 ····· 1-32
鹵 소금밭 로 ····· 8-34
鹿 사슴 록 ····· 6-246
麥 보리 맥 ····· 8-234
麻 삼 마 ····· 1-234

· 12획 ·

黃 누를 황 ····· 2-170

黍 기장 서
黑 검은흑 …… 2-237
黹 바느질할 치

· 13획 ·

黽 맹꽁이 맹
鼎 솥 정
鼓 북 고 …… 8-42
鼠 쥐 서

· 14획 ·

鼻 코 비 …… 8-11
齊 가지런할 제 …… 5-248

· 15획 ·

齒 이 치 …… 1-116

· 16획 ·

龍 용 용 …… 7-216
龜 거북 귀 …… 3-135

· 17획 ·

龠 피리 약

한자능력검정시험
8급~3급 漢字 찾아보기

한자능력검정시험 3급에 해당하는 한자는 총 1817자이며, 상용한자 1800자 외에 아래의 17자가 추가되었습니다.

訣(결), 筋(근), 汽(기), 朗(랑), 紋(문), 森(삼), 阿(아), 液(액), 曜(요), 笛(적), 蹟(적), 週(주), 稚(치), 兎(토), 砲(포), 楓(풍), 灰(회)

참고로 한자능력검정시험 3급에 나오는 秘(비), 鴈(안)은 상용한자의 祕(비), 雁(안) 자와 같은 한자로 간주하여 위의 17자에는 포함되지 않았습니다.

※ 찾아보기에서 한자 옆의 숫자는 해당 한자가 수록된 권과 페이지 표시입니다.

8급 50자

교 校 · · · 1-205
교 敎 · · · 8-98
구 九 · · · 1-200
국 國 · · · 6-137
군 軍 · · · 7-64
금 金 · · · 1-228
남 南 · · · 8-226
녀 女 · · · 1-50
년 年 · · · 8-236
대 大 · · · 2-110
동 東 · · · 4-24
륙 六 · · · 8-238
만 萬 · · · 8-22
모 母 · · · 3-205
목 木 · · · 1-47
문 門 · · · 1-170
민 民 · · · 6-16
백 白 · · · 3-28
부 父 · · · 1-24
북 北 · · · 1-138
사 四 · · · 8-238
산 山 · · · 1-16
삼 三 · · · 8-139
생 生 · · · 1-126
서 西 · · · 8-128
선 先 · · · 4-218
소 小 · · · 2-181
수 水 · · · 1-21
실 室 · · · 4-73
십 十 · · · 2-46
오 五 · · · 5-159
왕 王 · · · 1-26
외 外 · · · 2-236
월 月 · · · 1-190
이 二 · · · 6-28
인 人 · · · 1-13
일 一 · · · 8-138
일 日 · · · 1-68
장 長 · · · 1-122
제 弟 · · · 6-142
중 中 · · · 2-106
청 靑 · · · 3-34
촌 寸 · · · 1-82
칠 七 · · · 7-128
토 土 · · · 1-10
팔 八 · · · 1-95
학 學 · · · 4-84
한 韓 · · · 6-166
형 兄 · · · 2-138
화 火 · · · 1-80

7급 100자

가 家 · · · 7-215
가 歌 · · · 5-61
간 間 · · · 1-174
강 江 · · · 3-162
거 車 · · · 1-100
공 工 · · · 3-154
공 空 · · · 3-155
구 口 · · · 1-9
기 旗 · · · 6-190
기 記 · · · 2-224
기 氣 · · · 1-64
남 男 · · · 2-245
내 內 · · · 7-238
농 農 · · · 7-15
답 答 · · · 3-127
도 道 · · · 2-32
동 冬 · · · 5-164
동 動 · · · 3-235
동 同 · · · 5-46
동 洞 · · · 5-47
등 登 · · · 6-22
래 來 · · · 8-234
력 力 · · · 2-47
로 老 · · · 6-167
리 里 · · · 5-108
림 林 · · · 3-115
립 立 · · · 7-79
매 每 · · · 3-206
면 面 · · · 4-69
명 名 · · · 1-230
명 命 · · · 5-169
문 問 · · · 1-171
문 文 · · · 5-236
물 物 · · · 2-243
방 方 · · · 3-42
백 百 · · · 4-31
부 夫 · · · 3-76
불 不 · · · 6-212
사 事 · · · 8-130
산 算 · · · 7-101
상 上 · · · 8-70
색 色 · · · 7-176
석 夕 · · · 1-229
성 姓 · · · 1-129
세 世 · · · 5-141
소 少 · · · 3-106
소 所 · · · 4-183
수 手 · · · 1-85
수 數 · · · 4-186
시 時 · · · 6-80
시 市 · · · 7-226
식 植 · · · 5-215
식 食 · · · 1-42
심 心 · · · 1-125
안 安 · · · 2-34
어 語 · · · 5-162
연 然 · · · 2-102
오 午 · · · 8-64
우 右 · · · 2-58
유 有 · · · 1-84
육 育 · · · 8-44
읍 邑 · · · 1-89
입 入 · · · 7-236
자 子 · · · 1-54
자 字 · · · 1-55
자 自 · · · 8-8
장 場 · · · 7-27

276

전 全 · · · 7-237	효 孝 · · · 6-178	급 急 · · · 8-134	발 發 · · · 7-174
전 前 · · · 8-227	후 後 · · · 7-244	다 多 · · · 7-180	방 放 · · · 3-48
전 電 · · · 3-104	휴 休 · · · 1-76	단 短 · · · 7-37	번 番 · · · 3-70
정 正 · · · 2-196		당 堂 · · · 3-24	별 別 · · · 8-197
조 祖 · · · 7-41	— 6급 150자	대 代 · · · 6-100	병 病 · · · 6-155
족 足 · · · 2-104	각 各 · · · 3-192	대 對 · · · 8-193	복 服 · · · 6-125
좌 左 · · · 3-242	각 角 · · · 5-225	대 待 · · · 6-83	본 本 · · · 8-140
주 主 · · · 2-228	감 感 · · · 5-72	도 圖 · · · 2-133	부 部 · · · 4-166
주 住 · · · 2-231	강 強 · · · 8-28	도 度 · · · 6-104	분 分 · · · 1-96
중 重 · · · 3-232	개 開 · · · 5-232	독 讀 · · · 7-55	사 使 · · · 8-13
지 地 · · · 7-183	경 京 · · · 7-68	동 童 · · · 5-150	사 社 · · · 5-91
지 紙 · · · 6-133	계 界 · · · 1-197	두 頭 · · · 6-19	사 死 · · · 7-218
직 直 · · · 5-214	계 計 · · · 3-61	등 等 · · · 6-85	서 書 · · · 8-110
천 千 · · · 8-226	고 古 · · · 5-28	락 樂 · · · 1-178	석 席 · · · 6-102
천 天 · · · 2-121	고 苦 · · · 5-31	례 例 · · · 2-179	석 石 · · · 1-144
천 川 · · · 2-43	고 高 · · · 1-152	례 禮 · · · 7-214	선 線 · · · 4-19
초 草 · · · 2-169	공 共 · · · 4-168	로 路 · · · 3-200	설 雪 · · · 6-203
촌 村 · · · 1-83	공 公 · · · 3-186	록 綠 · · · 4-144	성 成 · · · 5-50
추 秋 · · · 1-248	공 功 · · · 3-156	리 利 · · · 1-184	성 省 · · · 3-110
춘 春 · · · 8-211	과 果 · · · 1-244	리 李 · · · 1-219	소 消 · · · 2-183
출 出 · · · 5-206	과 科 · · · 1-40	리 理 · · · 5-109	속 速 · · · 2-187
편 便 · · · 5-198	광 光 · · · 7-63	명 明 · · · 1-192	손 孫 · · · 2-214
평 平 · · · 2-194	교 交 · · · 1-204	목 目 · · · 1-131	수 樹 · · · 6-116
하 下 · · · 8-71	구 區 · · · 1-112	문 聞 · · · 1-172	술 術 · · · 6-26
하 夏 · · · 8-90	구 球 · · · 5-89	미 米 · · · 1-60	습 習 · · · 5-131
한 漢 · · · 4-200	군 郡 · · · 1-91	미 美 · · · 1-8	승 勝 · · · 4-226
해 海 · · · 3-208	근 近 · · · 1-59	박 朴 · · · 2-235	시 始 · · · 7-49
화 花 · · · 1-142	근 根 · · · 5-117	반 半 · · · 1-222	식 式 · · · 3-164
화 話 · · · 7-224	금 今 · · · 6-8	반 反 · · · 1-210	신 神 · · · 3-102
활 活 · · · 7-223	급 級 · · · 5-75	반 班 · · · 1-183	신 信 · · · 2-87

신 新 ··· 3-113	작 昨 ··· 6-221	화 和 ··· 1-39	과 過 ··· 4-80
신 身 ··· 1-119	장 章 ··· 4-248	화 畫 ··· 7-120	관 觀 ··· 3-224
실 失 ··· 5-172	재 在 ··· 8-177	황 黃 ··· 2-170	관 關 ··· 7-142
애 愛 ··· 2-14	재 才 ··· 5-42	회 會 ··· 3-191	광 廣 ··· 2-172
야 夜 ··· 8-144	전 戰 ··· 5-195	훈 訓 ··· 6-211	교 橋 ··· 2-62
야 野 ··· 5-135	정 定 ··· 2-200		구 具 ··· 4-160
약 弱 ··· 4-79	정 庭 ··· 5-13	― 5급 200자	구 救 ··· 5-90
약 藥 ··· 1-179	제 題 ··· 7-36	가 加 ··· 3-238	구 舊 ··· 7-230
양 陽 ··· 7-24	제 第 ··· 6-143	가 價 ··· 7-187	국 局 ··· 3-79
양 洋 ··· 1-45	조 朝 ··· 6-160	가 可 ··· 5-60	귀 貴 ··· 7-144
언 言 ··· 1-243	족 族 ··· 6-223	개 改 ··· 2-225	규 規 ··· 6-163
업 業 ··· 8-232	주 注 ··· 2-229	객 客 ··· 3-198	급 給 ··· 3-129
영 永 ··· 2-134	주 晝 ··· 2-165	거 去 ··· 5-182	기 基 ··· 6-187
영 英 ··· 2-41	집 集 ··· 4-236	거 擧 ··· 6-92	기 期 ··· 6-188
온 溫 ··· 7-131	창 窓 ··· 8-198	건 件 ··· 6-15	기 技 ··· 1-88
용 勇 ··· 7-96	청 淸 ··· 3-36	건 健 ··· 2-157	기 己 ··· 2-220
용 用 ··· 7-95	체 體 ··· 7-213	건 建 ··· 2-156	기 汽 ··· 1-65
운 運 ··· 7-65	친 親 ··· 3-114	격 格 ··· 3-194	길 吉 ··· 2-150
원 園 ··· 4-82	태 太 ··· 8-136	견 見 ··· 1-132	념 念 ··· 6-14
원 遠 ··· 4-83	통 通 ··· 7-98	결 決 ··· 2-68	능 能 ··· 7-198
유 油 ··· 5-145	특 特 ··· 6-84	결 結 ··· 2-151	단 團 ··· 3-177
유 由 ··· 5-144	표 表 ··· 8-171	경 景 ··· 7-72	단 壇 ··· 2-166
은 銀 ··· 8-49	풍 風 ··· 5-122	경 敬 ··· 5-128	담 談 ··· 7-89
음 音 ··· 1-236	합 合 ··· 3-126	경 輕 ··· 1-103	당 當 ··· 3-25
음 飮 ··· 4-41	행 幸 ··· 6-123	경 競 ··· 5-69	덕 德 ··· 5-220
의 衣 ··· 1-14	행 行 ··· 3-230	고 固 ··· 5-34	도 到 ··· 2-74
의 意 ··· 7-84	향 向 ··· 8-122	고 告 ··· 3-144	도 島 ··· 1-33
의 醫 ··· 8-63	현 現 ··· 1-133	고 考 ··· 6-169	도 都 ··· 5-246
자 者 ··· 5-240	형 形 ··· 4-35	곡 曲 ··· 8-230	독 獨 ··· 5-229
작 作 ··· 6-220	호 號 ··· 1-19	과 課 ··· 1-245	락 落 ··· 3-196

랑 朗 ··· 5-103	빙 氷 ··· 4-23	악 惡 ··· 6-131	재 材 ··· 5-43
랭 冷 ··· 5-168	사 仕 ··· 2-149	안 案 ··· 2-35	재 財 ··· 5-44
량 量 ··· 2-146	사 士 ··· 2-148	약 約 ··· 3-94	재 災 ··· 8-107
량 良 ··· 5-102	사 史 ··· 8-232	양 養 ··· 1-46	쟁 爭 ··· 3-58
려 旅 ··· 8-16	사 寫 ··· 8-218	어 漁 ··· 1-23	저 貯 ··· 2-53
력 歷 ··· 4-162	사 思 ··· 6-248	어 魚 ··· 1-22	적 的 ··· 3-93
련 練 ··· 4-153	사 査 ··· 7-39	억 億 ··· 7-85	적 赤 ··· 3-17
령 令 ··· 5-166	산 産 ··· 4-204	열 熱 ··· 7-241	전 傳 ··· 3-176
령 領 ··· 5-170	상 賞 ··· 3-19	엽 葉 ··· 6-98	전 典 ··· 5-101
로 勞 ··· 8-149	상 商 ··· 8-224	옥 屋 ··· 8-50	전 展 ··· 8-207
료 料 ··· 3-222	상 相 ··· 2-190	완 完 ··· 4-208	절 切 ··· 7-129
류 流 ··· 6-48	서 序 ··· 5-137	요 曜 ··· 6-242	절 節 ··· 8-185
류 類 ··· 8-91	선 仙 ··· 1-17	요 要 ··· 2-28	점 店 ··· 2-239
륙 陸 ··· 7-246	선 善 ··· 8-116	욕 浴 ··· 2-185	정 停 ··· 2-57
마 馬 ··· 1-110	선 選 ··· 8-163	우 友 ··· 1-79	정 情 ··· 3-38
말 末 ··· 2-27	선 船 ··· 5-180	우 牛 ··· 2-241	조 調 ··· 5-80
망 亡 ··· 5-18	선 鮮 ··· 8-87	우 雨 ··· 2-78	조 操 ··· 1-199
망 望 ··· 5-22	설 說 ··· 7-206	웅 雄 ··· 8-73	졸 卒 ··· 7-248
매 買 ··· 7-53	성 性 ··· 1-128	원 元 ··· 4-206	종 種 ··· 3-233
매 賣 ··· 7-54	세 洗 ··· 4-219	원 院 ··· 4-207	종 終 ··· 5-165
무 無 ··· 4-59	세 歲 ··· 7-169	원 原 ··· 4-20	죄 罪 ··· 5-247
배 倍 ··· 4-165	속 束 ··· 2-186	원 願 ··· 4-22	주 週 ··· 5-79
법 法 ··· 5-184	수 首 ··· 2-31	위 位 ··· 8-109	주 州 ··· 2-44
변 變 ··· 7-193	숙 宿 ··· 4-32	위 偉 ··· 4-52	지 止 ··· 1-114
병 兵 ··· 8-74	순 順 ··· 7-195	이 以 ··· 8-184	지 知 ··· 4-28
복 福 ··· 3-180	시 示 ··· 1-134	이 耳 ··· 1-173	질 質 ··· 5-77
봉 奉 ··· 6-138	식 識 ··· 4-194	인 因 ··· 2-118	착 着 ··· 6-64
비 比 ··· 1-136	신 臣 ··· 3-147	임 任 ··· 5-10	참 參 ··· 5-174
비 費 ··· 7-105	실 實 ··· 2-210	재 再 ··· 8-88	창 唱 ··· 1-169
비 鼻 ··· 8-11	아 兒 ··· 1-52		책 責 ··· 7-58

철 鐵 ··· 8-221	가 假 ··· 4-124	경 傾 ··· 1-189	군 群 ··· 1-92
초 初 ··· 2-30	가 暇 ··· 4-125	경 警 ··· 5-130	굴 屈 ··· 5-207
최 最 ··· 2-132	각 刻 ··· 5-213	경 驚 ··· 5-129	궁 宮 ··· 5-181
축 祝 ··· 2-140	각 覺 ··· 4-85	경 境 ··· 4-246	궁 窮 ··· 1-121
충 充 ··· 5-202	간 干 ··· 1-70	경 鏡 ··· 4-245	권 券 ··· 4-224
치 致 ··· 8-105	간 看 ··· 3-118	경 經 ··· 1-102	권 卷 ··· 4-223
칙 則 ··· 1-180	간 簡 ··· 1-175	경 慶 ··· 8-166	권 勸 ··· 3-227
타 他 ··· 7-185	감 減 ··· 5-71	계 係 ··· 2-213	권 權 ··· 3-226
타 打 ··· 2-54	감 甘 ··· 2-215	계 系 ··· 2-212	귀 歸 ··· 8-56
탁 卓 ··· 8-231	감 敢 ··· 4-231	계 季 ··· 8-97	균 均 ··· 8-99
탄 炭 ··· 5-45	감 監 ··· 3-148	계 鷄 ··· 7-93	극 劇 ··· 8-32
택 宅 ··· 4-76	갑 甲 ··· 3-140	계 階 ··· 6-171	극 極 ··· 8-214
판 板 ··· 1-214	강 康 ··· 8-217	계 戒 ··· 2-16	근 勤 ··· 4-198
패 敗 ··· 1-31	강 降 ··· 8-161	계 繼 ··· 8-150	근 筋 ··· 4-119
품 品 ··· 1-12	강 講 ··· 3-204	고 故 ··· 5-32	금 禁 ··· 4-147
필 必 ··· 7-132	개 個 ··· 5-35	고 孤 ··· 2-93	기 奇 ··· 5-66
필 筆 ··· 2-211	갱 更 ··· 5-196	고 庫 ··· 1-101	기 寄 ··· 5-68
하 河 ··· 5-64	거 居 ··· 5-33	곡 穀 ··· 8-219	기 器 ··· 7-153
한 寒 ··· 7-156	거 巨 ··· 4-8	곤 困 ··· 2-227	기 紀 ··· 2-223
해 害 ··· 8-154	거 拒 ··· 4-9	골 骨 ··· 7-211	기 起 ··· 2-221
허 許 ··· 8-65	거 據 ··· 8-33	공 攻 ··· 3-157	기 機 ··· 3-133
호 湖 ··· 5-37	걸 傑 ··· 7-125	공 孔 ··· 3-99	난 暖 ··· 6-226
화 化 ··· 1-140	검 儉 ··· 4-61	관 官 ··· 5-82	난 難 ··· 4-201
환 患 ··· 8-78	검 檢 ··· 4-62	관 管 ··· 5-84	납 納 ··· 7-239
효 效 ··· 1-208	격 激 ··· 8-220	광 鑛 ··· 2-173	노 努 ··· 2-65
흉 凶 ··· 1-176	격 擊 ··· 8-152	구 究 ··· 1-201	노 怒 ··· 2-66
흑 黑 ··· 2-237	견 堅 ··· 4-86	구 句 ··· 5-124	단 單 ··· 5-192
	견 犬 ··· 1-25	구 求 ··· 5-88	단 檀 ··· 2-167
— 4급 500자	결 缺 ··· 2-70	구 構 ··· 3-202	단 端 ··· 7-91
가 街 ··· 4-102	결 潔 ··· 8-41	군 君 ··· 1-90	단 斷 ··· 8-151

단 段 ··· 8-60	론 論 ··· 4-122	배 拜 ··· 8-208	비 碑 ··· 5-40
달 達 ··· 8-203	룡 龍 ··· 7-216	배 背 ··· 1-139	비 批 ··· 1-137
담 擔 ··· 6-60	류 留 ··· 8-30	배 配 ··· 4-48	비 秘 ··· 7-133
당 黨 ··· 3-26	류 柳 ··· 7-147	벌 伐 ··· 2-9	비 飛 ··· 3-68
대 帶 ··· 7-138	륜 輪 ··· 4-120	벌 罰 ··· 7-87	빈 貧 ··· 1-99
대 隊 ··· 7-179	률 律 ··· 2-219	범 犯 ··· 4-228	사 寺 ··· 6-78
도 導 ··· 2-33	리 離 ··· 6-58	범 範 ··· 4-229	사 射 ··· 1-246
도 徒 ··· 3-173	만 滿 ··· 8-209	벽 壁 ··· 6-232	사 謝 ··· 1-247
도 逃 ··· 2-127	매 妹 ··· 2-26	변 邊 ··· 8-165	사 師 ··· 2-249
도 盜 ··· 4-199	맥 脈 ··· 8-15	변 辯 ··· 3-246	사 舍 ··· 1-232
독 毒 ··· 8-225	면 勉 ··· 3-215	보 保 ··· 8-102	사 私 ··· 3-185
독 督 ··· 4-110	명 鳴 ··· 1-36	보 報 ··· 6-124	사 絲 ··· 1-194
동 銅 ··· 5-48	모 模 ··· 7-19	보 寶 ··· 3-11	사 辭 ··· 8-25
두 斗 ··· 1-37	모 毛 ··· 3-120	보 普 ··· 5-96	산 散 ··· 8-182
두 豆 ··· 6-18	목 牧 ··· 4-133	보 步 ··· 7-166	살 殺 ··· 8-206
득 得 ··· 2-164	묘 墓 ··· 7-23	복 伏 ··· 1-62	상 傷 ··· 7-31
등 燈 ··· 6-23	묘 妙 ··· 3-111	복 復 ··· 4-92	상 象 ··· 3-244
라 羅 ··· 5-205	무 務 ··· 2-80	복 複 ··· 4-90	상 常 ··· 3-21
란 亂 ··· 8-24	무 武 ··· 4-216	부 府 ··· 3-12	상 床 ··· 2-109
란 卵 ··· 3-95	무 舞 ··· 4-58	부 副 ··· 3-183	상 想 ··· 2-191
람 覽 ··· 3-151	미 味 ··· 2-25	부 富 ··· 3-182	상 狀 ··· 5-59
략 略 ··· 3-197	미 未 ··· 2-24	부 否 ··· 6-213	선 宣 ··· 7-160
량 兩 ··· 1-186	밀 密 ··· 4-215	부 婦 ··· 8-54	설 舌 ··· 7-222
량 糧 ··· 2-147	박 博 ··· 7-114	부 負 ··· 8-72	설 設 ··· 8-61
려 慮 ··· 6-249	박 拍 ··· 3-30	분 粉 ··· 1-98	성 城 ··· 5-52
려 麗 ··· 6-247	발 髮 ··· 4-50	분 憤 ··· 4-143	성 盛 ··· 5-53
련 連 ··· 1-226	방 妨 ··· 3-46	불 佛 ··· 7-103	성 誠 ··· 5-51
렬 列 ··· 2-176	방 防 ··· 3-45	비 備 ··· 8-117	성 星 ··· 1-127
렬 烈 ··· 2-177	방 房 ··· 3-43	비 悲 ··· 3-83	성 聖 ··· 5-16
록 錄 ··· 4-146	방 訪 ··· 3-44	비 非 ··· 3-82	성 聲 ··· 8-52

281

세 勢 … 7-240	신 申 … 3-100	오 誤 … 4-189	의 儀 … 4-127
세 稅 … 7-210	심 深 … 8-26	옥 玉 … 1-130	의 義 … 4-126
세 細 … 7-141	씨 氏 … 6-132	왕 往 … 2-232	의 議 … 4-128
소 掃 … 8-55	안 眼 … 5-116	요 謠 … 4-118	의 疑 … 8-224
소 笑 … 8-47	암 暗 … 1-237	용 容 … 1-117	이 異 … 4-178
소 素 … 8-170	압 壓 … 8-210	우 遇 … 4-182	이 移 … 7-181
속 俗 … 1-241	액 液 … 8-145	우 優 … 2-13	익 益 … 2-129
속 屬 … 5-230	액 額 … 3-199	우 郵 … 6-36	인 仁 … 6-29
속 續 … 7-56	양 樣 … 8-96	원 源 … 4-21	인 認 … 2-123
손 損 … 5-191	양 羊 … 1-44	원 員 … 5-188	인 印 … 8-53
송 松 … 3-187	엄 嚴 … 4-232	원 圓 … 5-189	인 引 … 6-122
송 頌 … 3-188	여 餘 … 6-107	원 援 … 6-224	자 姉 … 7-227
송 送 … 8-202	여 如 … 6-238	원 怨 … 8-75	자 姿 … 6-31
수 修 … 7-188	여 與 … 6-90	위 圍 … 4-56	자 資 … 6-33
수 受 … 6-70	역 域 … 6-136	위 衛 … 4-53	잔 殘 … 4-37
수 授 … 6-71	역 易 … 7-202	위 爲 … 3-248	잡 雜 … 4-237
수 守 … 1-203	역 逆 … 7-220	위 危 … 7-136	장 腸 … 7-28
수 收 … 8-183	연 硏 … 8-213	위 委 … 2-42	장 壯 … 5-56
수 秀 … 5-138	연 延 … 8-18	위 威 … 7-163	장 裝 … 5-58
숙 叔 … 4-108	연 鉛 … 5-179	위 慰 … 8-200	장 獎 … 2-113
숙 肅 … 6-128	연 演 … 6-149	유 乳 … 3-98	장 將 … 2-112
순 純 … 5-100	연 煙 … 4-234	유 儒 … 7-155	장 帳 … 1-123
숭 崇 … 7-197	연 燃 … 2-103	유 遊 … 6-231	장 張 … 1-124
승 承 … 8-225	연 緣 … 8-187	유 遺 … 7-145	장 障 … 4-249
시 詩 … 6-81	영 映 … 2-40	육 肉 … 1-67	저 低 … 4-42
시 施 … 7-186	영 榮 … 8-147	은 隱 … 6-114	저 底 … 4-43
시 是 … 7-32	영 營 … 8-146	은 恩 … 2-120	적 敵 … 4-149
시 視 … 1-135	영 迎 … 6-217	음 陰 … 6-10	적 適 … 4-148
시 試 … 3-165	예 藝 … 7-242	응 應 … 5-41	적 積 … 7-60
식 息 … 8-10	예 豫 … 5-136	의 依 … 1-15	적 績 … 7-62

적 籍 ··· 6-182	조 造 ··· 3-146	진 眞 ··· 5-222	침 侵 ··· 4-66
적 賊 ··· 3-211	조 鳥 ··· 1-32	차 差 ··· 6-65	침 寢 ··· 4-68
전 專 ··· 3-174	존 存 ··· 8-176	차 次 ··· 6-30	침 針 ··· 8-92
전 轉 ··· 3-175	존 尊 ··· 3-170	찬 讚 ··· 4-221	칭 稱 ··· 8-135
전 錢 ··· 4-36	종 宗 ··· 7-196	찰 察 ··· 3-16	쾌 快 ··· 2-71
전 田 ··· 1-195	종 從 ··· 3-80	창 創 ··· 1-217	탄 彈 ··· 5-193
절 折 ··· 3-86	종 鐘 ··· 5-151	채 採 ··· 3-54	탄 歎 ··· 4-202
절 絶 ··· 7-177	좌 座 ··· 1-109	책 册 ··· 2-141	탈 脫 ··· 7-205
점 占 ··· 2-238	주 周 ··· 5-78	처 處 ··· 7-245	탐 探 ··· 8-27
점 點 ··· 2-240	주 朱 ··· 5-118	천 泉 ··· 4-18	태 態 ··· 7-200
접 接 ··· 3-117	주 走 ··· 2-83	청 廳 ··· 5-219	택 擇 ··· 7-77
정 丁 ··· 2-50	주 酒 ··· 5-158	청 聽 ··· 5-218	토 討 ··· 8-83
정 程 ··· 5-15	죽 竹 ··· 1-48	청 請 ··· 3-37	통 痛 ··· 7-99
정 政 ··· 2-197	준 準 ··· 4-242	초 招 ··· 2-85	통 統 ··· 5-204
정 整 ··· 2-199	중 衆 ··· 7-149	총 總 ··· 4-158	퇴 退 ··· 8-48
정 精 ··· 3-39	증 增 ··· 2-96	총 銃 ··· 5-203	투 投 ··· 8-62
정 靜 ··· 3-60	증 證 ··· 6-24	추 推 ··· 3-218	투 鬪 ··· 6-20
제 制 ··· 5-92	지 持 ··· 6-82	축 蓄 ··· 5-155	파 波 ··· 1-163
제 製 ··· 5-93	지 指 ··· 2-91	축 築 ··· 1-49	파 破 ··· 1-162
제 濟 ··· 5-249	지 志 ··· 2-152	축 縮 ··· 4-33	파 派 ··· 8-14
제 提 ··· 7-35	지 誌 ··· 2-153	충 忠 ··· 2-108	판 判 ··· 1-225
제 帝 ··· 8-178	지 支 ··· 1-86	충 蟲 ··· 7-51	편 篇 ··· 4-210
제 除 ··· 6-109	지 智 ··· 4-29	취 取 ··· 2-130	평 評 ··· 2-195
제 際 ··· 3-15	지 至 ··· 2-72	취 趣 ··· 2-131	폐 閉 ··· 6-68
제 祭 ··· 3-14	직 織 ··· 4-192	취 就 ··· 7-172	포 包 ··· 1-146
조 助 ··· 7-42	직 職 ··· 4-193	측 測 ··· 1-182	포 砲 ··· 1-147
조 組 ··· 7-40	진 陣 ··· 4-27	층 層 ··· 2-99	포 胞 ··· 1-149
조 潮 ··· 6-161	진 珍 ··· 6-63	치 置 ··· 5-216	포 布 ··· 2-203
조 早 ··· 2-168	진 進 ··· 5-49	치 治 ··· 7-50	폭 暴 ··· 4-174
조 條 ··· 7-189	진 盡 ··· 3-179	치 齒 ··· 1-116	폭 爆 ··· 4-175

표 標	4-98	혹 或	6-134	간 懇	5-113	계 啓	5-73
표 票	4-96	혼 婚	5-95	갈 渴	4-74	계 契	8-40
풍 豊	7-212	혼 混	6-43	감 鑑	3-149	계 溪	7-94
피 疲	1-159	홍 紅	3-160	강 剛	4-72	계 械	2-17
피 避	6-234	화 貨	1-141	강 綱	4-71	계 桂	4-103
한 恨	5-115	화 華	7-57	강 鋼	4-70	계 癸	8-240
한 限	5-114	확 確	3-229	개 介	1-196	계 繫	8-153
한 閑	1-242	환 歡	3-225	개 慨	2-19	고 姑	5-30
항 抗	4-47	환 環	4-156	개 概	2-20	고 枯	5-29
항 航	4-46	황 況	2-139	개 蓋	5-183	고 稿	1-153
항 港	4-173	회 回	1-20	개 皆	6-170	고 顧	6-53
해 解	5-239	회 灰	1-81	거 距	4-10	고 鼓	8-42
핵 核	5-212	후 候	6-45	건 乾	6-159	곡 哭	7-152
향 鄕	2-22	후 厚	8-175	걸 乞	6-158	곡 谷	1-240
향 香	8-120	휘 揮	7-66	검 劍	4-60	곤 坤	3-103
허 虛	3-142	흡 吸	5-76	격 隔	6-207	공 供	4-170
헌 憲	8-156	흥 興	6-94	견 牽	8-129	공 恭	4-169
험 險	4-63	희 喜	8-43	견 遣	8-189	공 恐	3-159
험 驗	4-64	희 希	2-204	견 絹	6-156	공 貢	3-158
혁 革	2-189			견 肩	3-67	과 寡	8-95
현 賢	4-87	**— 3급 817자**		결 訣	2-69	과 誇	8-169
현 顯	8-69	가 架	3-239	겸 兼	2-158	곽 郭	6-197
혈 血	7-148	가 佳	4-101	겸 謙	2-159	관 冠	8-76
협 協	2-48	각 却	5-186	경 頃	1-188	관 館	5-83
형 刑	4-34	각 脚	5-187	경 卿	8-237	관 寬	8-77
혜 惠	3-178	각 閣	3-193	경 竟	4-244	관 慣	2-209
호 呼	5-55	간 刊	1-71	경 庚	8-240	관 貫	2-208
호 好	1-56	간 幹	6-164	경 徑	1-104	광 狂	1-27
호 戶	3-41	간 肝	1-72	경 硬	5-197	괘 掛	4-105
호 護	6-230	간 姦	4-225	경 耕	6-245	괴 塊	1-156

괴 愧 … 1-155	금 禽 … 8-230	단 但 … 2-163	람 濫 … 3-150
괴 壞 … 4-190	금 錦 … 7-119	단 旦 … 2-162	랑 廊 … 5-107
괴 怪 … 8-192	급 及 … 5-74	담 淡 … 7-90	랑 浪 … 5-104
교 郊 … 1-207	긍 肯 … 8-118	답 畓 … 5-85	랑 郞 … 5-106
교 較 … 1-206	기 企 … 1-115	답 踏 … 5-17	략 掠 … 7-71
교 矯 … 2-61	기 其 … 6-186	당 唐 … 6-126	량 凉 … 7-69
교 巧 … 6-168	기 欺 … 6-189	당 糖 … 6-127	량 諒 … 7-70
구 丘 … 7-126	기 騎 … 5-67	대 貸 … 6-101	량 梁 … 4-247
구 久 … 8-237	기 忌 … 2-222	대 臺 … 8-131	려 勵 … 8-23
구 俱 … 4-161	기 幾 … 3-132	도 倒 … 2-75	력 曆 … 4-163
구 驅 … 1-113	기 畿 … 3-134	도 刀 … 1-66	련 憐 … 4-13
구 拘 … 5-125	기 祈 … 1-151	도 塗 … 6-108	련 蓮 … 1-227
구 狗 … 5-127	기 旣 … 2-18	도 途 … 6-110	련 戀 … 7-194
구 苟 … 5-126	기 棄 … 8-45	도 渡 … 6-105	련 鍊 … 4-152
구 懼 … 3-221	기 豈 … 8-94	도 挑 … 2-126	련 聯 … 7-143
국 菊 … 8-104	기 飢 … 7-235	도 桃 … 2-128	렬 裂 … 2-178
궁 弓 … 1-120	긴 緊 … 4-88	도 跳 … 2-125	렬 劣 … 4-203
권 拳 … 4-222	나 那 … 8-242	도 陶 … 6-243	렴 廉 … 2-160
궐 厥 … 4-240	낙 諾 … 8-67	도 稻 … 7-231	렵 獵 … 8-126
궤 軌 … 1-202	낭 娘 … 5-105	독 篤 … 7-107	령 嶺 … 5-171
귀 鬼 … 1-154	내 乃 … 8-239	돈 敦 … 6-198	령 零 … 5-167
귀 龜 … 3-135	내 奈 … 8-241	돈 豚 … 5-209	령 靈 … 7-151
규 叫 … 4-135	내 耐 … 6-237	돌 突 … 4-57	례 隸 … 8-39
규 糾 … 4-134	녕 寧 … 8-162	동 凍 … 4-25	로 爐 … 5-177
균 菌 … 5-221	노 奴 … 2-64	둔 屯 … 5-98	로 露 … 3-201
극 克 … 6-219	뇌 惱 … 1-221	둔 鈍 … 5-99	록 祿 … 4-145
근 僅 … 4-196	뇌 腦 … 1-220	등 騰 … 4-227	록 鹿 … 6-246
근 謹 … 4-197	니 泥 … 8-205	락 絡 … 3-195	롱 弄 … 4-230
근 斤 … 1-58	다 茶 … 8-179	란 欄 … 4-155	뢰 賴 … 2-188
금 琴 … 6-9	단 丹 … 8-231	란 蘭 … 4-154	뢰 雷 … 3-105

료 了 ··· 6-193	망 罔 ··· 5-26	무 霧 ··· 2-81	배 排 ··· 3-84
료 僚 ··· 6-57	매 埋 ··· 5-149	무 戊 ··· 6-152	배 輩 ··· 3-85
루 屢 ··· 4-185	매 媒 ··· 2-218	무 茂 ··· 6-153	배 杯 ··· 6-214
루 樓 ··· 4-184	매 梅 ··· 3-207	무 貿 ··· 8-31	백 伯 ··· 3-29
루 淚 ··· 6-192	맥 麥 ··· 8-234	묵 墨 ··· 6-215	번 煩 ··· 2-63
루 漏 ··· 2-233	맹 孟 ··· 1-238	묵 默 ··· 4-167	번 飜 ··· 3-71
루 累 ··· 7-140	맹 猛 ··· 1-239	문 紋 ··· 5-237	번 繁 ··· 7-159
륜 倫 ··· 4-121	맹 盟 ··· 1-193	물 勿 ··· 2-242	범 凡 ··· 3-152
률 栗 ··· 8-141	맹 盲 ··· 5-24	미 尾 ··· 3-121	벽 碧 ··· 3-33
률 率 ··· 8-235	면 免 ··· 3-214	미 微 ··· 6-144	변 辨 ··· 3-247
륭 隆 ··· 8-160	면 眠 ··· 6-17	미 迷 ··· 1-61	병 丙 ··· 6-154
릉 陵 ··· 8-201	면 綿 ··· 7-118	미 眉 ··· 4-115	병 屛 ··· 6-54
리 梨 ··· 1-185	멸 滅 ··· 7-164	민 憫 ··· 5-238	병 竝 ··· 8-57
리 吏 ··· 8-12	명 冥 ··· 8-115	민 敏 ··· 7-158	보 譜 ··· 5-97
리 履 ··· 4-94	명 銘 ··· 1-231	밀 蜜 ··· 4-214	보 補 ··· 7-108
리 裏 ··· 5-110	모 侮 ··· 3-209	박 薄 ··· 7-115	복 卜 ··· 2-234
린 隣 ··· 4-12	모 冒 ··· 6-66	박 泊 ··· 3-31	복 腹 ··· 4-91
림 臨 ··· 8-36	모 募 ··· 7-20	박 迫 ··· 3-32	복 覆 ··· 4-93
마 磨 ··· 1-235	모 慕 ··· 7-21	반 伴 ··· 1-223	봉 封 ··· 4-106
마 麻 ··· 1-234	모 暮 ··· 7-22	반 叛 ··· 1-224	봉 峯 ··· 4-130
막 幕 ··· 7-18	모 某 ··· 2-216	반 返 ··· 1-211	봉 逢 ··· 4-131
막 漠 ··· 7-17	모 謀 ··· 2-217	반 飯 ··· 1-212	봉 蜂 ··· 4-132
막 莫 ··· 7-16	모 貌 ··· 8-124	반 盤 ··· 3-66	봉 鳳 ··· 8-180
만 慢 ··· 2-101	목 睦 ··· 7-247	반 般 ··· 3-64	부 付 ··· 3-8
만 漫 ··· 2-100	몰 沒 ··· 8-215	발 拔 ··· 4-51	부 附 ··· 3-9
만 晩 ··· 3-216	몽 夢 ··· 4-45	방 傲 ··· 3-49	부 符 ··· 3-10
망 妄 ··· 5-19	몽 蒙 ··· 6-95	방 傍 ··· 3-50	부 腐 ··· 3-13
망 忙 ··· 5-23	묘 卯 ··· 7-146	방 芳 ··· 3-47	부 簿 ··· 7-113
망 忘 ··· 5-21	묘 廟 ··· 6-162	방 邦 ··· 8-191	부 扶 ··· 3-77
망 茫 ··· 5-20	묘 苗 ··· 3-90	배 培 ··· 4-164	부 浮 ··· 3-97

부 賦 ··· 4-217	삭 朔 ··· 7-221	섭 涉 ··· 7-167	수 須 ··· 4-95
부 赴 ··· 8-127	삼 森 ··· 4-123	소 召 ··· 2-84	숙 淑 ··· 4-109
분 紛 ··· 1-97	상 像 ··· 3-245	소 昭 ··· 2-88	숙 孰 ··· 6-200
분 墳 ··· 4-142	상 償 ··· 3-22	소 訴 ··· 7-135	숙 熟 ··· 6-201
분 奔 ··· 7-124	상 嘗 ··· 3-23	소 燒 ··· 6-88	순 巡 ··· 1-106
분 奮 ··· 7-123	상 尙 ··· 3-18	소 蔬 ··· 6-51	순 循 ··· 3-75
불 拂 ··· 7-104	상 裳 ··· 3-20	소 蘇 ··· 5-163	순 旬 ··· 2-76
붕 崩 ··· 1-167	상 喪 ··· 8-172	소 疏 ··· 6-50	순 殉 ··· 2-77
붕 朋 ··· 1-166	상 祥 ··· 8-86	소 騷 ··· 8-157	순 瞬 ··· 8-199
비 卑 ··· 5-38	상 詳 ··· 8-17	속 粟 ··· 8-101	순 脣 ··· 7-14
비 婢 ··· 5-39	상 霜 ··· 2-192	송 訟 ··· 3-189	술 戌 ··· 7-162
비 妃 ··· 2-226	상 桑 ··· 8-125	송 誦 ··· 7-100	술 述 ··· 6-27
비 肥 ··· 3-168	색 塞 ··· 7-157	쇄 刷 ··· 5-185	습 拾 ··· 3-130
빈 賓 ··· 4-176	색 索 ··· 8-216	쇄 鎖 ··· 6-89	습 濕 ··· 8-68
빈 頻 ··· 7-168	서 庶 ··· 6-103	쇠 衰 ··· 8-123	습 襲 ··· 7-217
빙 聘 ··· 8-190	서 徐 ··· 6-113	수 囚 ··· 7-130	승 乘 ··· 8-103
사 似 ··· 8-133	서 敍 ··· 6-111	수 垂 ··· 6-34	승 僧 ··· 2-98
사 司 ··· 5-132	서 恕 ··· 6-239	수 睡 ··· 6-35	승 昇 ··· 8-204
사 詞 ··· 5-133	서 暑 ··· 5-243	수 壽 ··· 5-156	시 侍 ··· 6-79
사 巳 ··· 6-150	서 緖 ··· 5-244	수 帥 ··· 2-248	시 矢 ··· 2-59
사 祀 ··· 6-151	서 署 ··· 5-245	수 搜 ··· 8-114	식 飾 ··· 1-43
사 捨 ··· 1-233	서 逝 ··· 3-89	수 殊 ··· 5-121	신 伸 ··· 3-101
사 沙 ··· 3-107	서 誓 ··· 3-88	수 隨 ··· 4-114	신 愼 ··· 5-224
사 邪 ··· 4-17	석 惜 ··· 6-181	수 愁 ··· 1-249	신 辛 ··· 3-112
사 斜 ··· 6-112	석 昔 ··· 6-180	수 獸 ··· 8-181	신 晨 ··· 7-13
사 斯 ··· 6-191	석 析 ··· 1-93	수 遂 ··· 7-178	심 審 ··· 3-73
사 蛇 ··· 4-187	석 釋 ··· 7-78	수 誰 ··· 3-220	심 尋 ··· 8-228
사 詐 ··· 6-222	선 旋 ··· 6-227	수 雖 ··· 8-29	심 甚 ··· 8-228
사 賜 ··· 7-203	선 禪 ··· 5-194	수 輸 ··· 6-210	쌍 雙 ··· 7-45
삭 削 ··· 2-184	섭 攝 ··· 2-137	수 需 ··· 7-154	아 亞 ··· 6-130

아 阿 ⋯ 5-65	억 抑 ⋯ 6-218	오 烏 ⋯ 1-34	위 僞 ⋯ 3-249
아 我 ⋯ 2-10	언 焉 ⋯ 8-242	오 汚 ⋯ 8-186	위 胃 ⋯ 3-138
아 餓 ⋯ 2-11	여 予 ⋯ 5-134	옥 獄 ⋯ 6-99	위 謂 ⋯ 3-139
아 牙 ⋯ 4-14	여 余 ⋯ 6-106	옹 擁 ⋯ 6-38	유 愈 ⋯ 6-208
아 芽 ⋯ 4-15	여 汝 ⋯ 1-51	옹 翁 ⋯ 3-190	유 唯 ⋯ 7-165
아 雅 ⋯ 4-16	여 輿 ⋯ 6-93	와 瓦 ⋯ 6-37	유 惟 ⋯ 4-30
악 岳 ⋯ 7-127	역 亦 ⋯ 7-116	와 臥 ⋯ 8-80	유 維 ⋯ 3-241
안 岸 ⋯ 1-75	역 役 ⋯ 8-59	완 緩 ⋯ 6-225	유 幼 ⋯ 8-108
안 鴈 ⋯ 8-106	역 疫 ⋯ 8-58	왈 曰 ⋯ 8-81	유 幽 ⋯ 8-84
안 顔 ⋯ 4-205	역 譯 ⋯ 7-75	외 畏 ⋯ 3-40	유 猶 ⋯ 3-172
알 謁 ⋯ 4-75	역 驛 ⋯ 7-74	요 搖 ⋯ 4-116	유 酉 ⋯ 3-91
암 巖 ⋯ 4-233	연 宴 ⋯ 2-36	요 遙 ⋯ 4-117	유 悠 ⋯ 7-190
압 押 ⋯ 3-141	연 沿 ⋯ 5-178	요 腰 ⋯ 2-29	유 柔 ⋯ 2-82
앙 仰 ⋯ 6-216	연 燕 ⋯ 4-65	욕 慾 ⋯ 3-237	유 裕 ⋯ 2-180
앙 央 ⋯ 2-38	연 軟 ⋯ 8-89	욕 欲 ⋯ 3-236	유 誘 ⋯ 5-140
앙 殃 ⋯ 2-39	열 悅 ⋯ 7-209	욕 辱 ⋯ 7-225	윤 潤 ⋯ 2-207
애 哀 ⋯ 2-55	열 閱 ⋯ 7-208	용 庸 ⋯ 4-238	윤 閏 ⋯ 2-206
애 涯 ⋯ 4-107	염 染 ⋯ 3-52	우 于 ⋯ 5-142	을 乙 ⋯ 8-239
액 厄 ⋯ 7-137	염 炎 ⋯ 7-88	우 宇 ⋯ 5-143	음 吟 ⋯ 6-11
야 也 ⋯ 7-182	염 鹽 ⋯ 8-35	우 偶 ⋯ 4-180	음 淫 ⋯ 5-9
야 耶 ⋯ 6-146	영 影 ⋯ 7-73	우 愚 ⋯ 4-181	읍 泣 ⋯ 7-191
약 若 ⋯ 8-66	영 泳 ⋯ 2-135	우 憂 ⋯ 2-12	응 凝 ⋯ 8-112
약 躍 ⋯ 6-241	영 詠 ⋯ 2-136	우 又 ⋯ 1-78	의 宜 ⋯ 7-44
양 壤 ⋯ 6-74	예 譽 ⋯ 6-91	우 尤 ⋯ 7-171	의 矣 ⋯ 8-243
양 讓 ⋯ 6-75	예 銳 ⋯ 7-207	우 羽 ⋯ 4-177	이 夷 ⋯ 8-137
양 揚 ⋯ 7-25	오 傲 ⋯ 8-173	운 云 ⋯ 2-142	이 已 ⋯ 8-227
양 楊 ⋯ 7-26	오 吾 ⋯ 5-160	운 韻 ⋯ 5-190	이 而 ⋯ 6-236
어 御 ⋯ 8-113	오 悟 ⋯ 5-161	월 越 ⋯ 8-212	익 翼 ⋯ 4-179
어 於 ⋯ 8-243	오 娛 ⋯ 4-188	위 違 ⋯ 4-54	인 忍 ⋯ 2-122
억 憶 ⋯ 7-86	오 嗚 ⋯ 1-35	위 緯 ⋯ 4-55	인 姻 ⋯ 2-119

인 寅 ··· 6-148	적 滴 ··· 4-151	주 宙 ··· 5-147	징 懲 ··· 6-175
일 逸 ··· 3-213	적 蹟 ··· 7-61	주 洲 ··· 2-45	차 且 ··· 7-38
임 壬 ··· 5-8	적 笛 ··· 5-148	주 株 ··· 5-120	차 借 ··· 6-184
임 賃 ··· 5-11	적 跡 ··· 7-117	주 珠 ··· 5-119	차 此 ··· 5-152
자 刺 ··· 8-20	전 殿 ··· 8-51	주 鑄 ··· 5-157	착 捉 ··· 3-169
자 恣 ··· 6-32	절 竊 ··· 8-168	주 舟 ··· 3-62	착 錯 ··· 6-183
자 慈 ··· 6-173	점 漸 ··· 3-125	준 俊 ··· 7-80	찬 贊 ··· 4-220
자 兹 ··· 6-172	접 蝶 ··· 6-96	준 遵 ··· 3-171	참 慘 ··· 5-175
자 紫 ··· 5-153	정 亭 ··· 2-56	중 仲 ··· 2-107	참 慙 ··· 3-123
작 爵 ··· 8-229	정 訂 ··· 2-51	즉 卽 ··· 2-21	창 倉 ··· 1-216
작 酌 ··· 3-92	정 頂 ··· 2-52	증 憎 ··· 2-95	창 蒼 ··· 1-218
잠 潛 ··· 6-72	정 井 ··· 6-244	증 曾 ··· 2-94	창 昌 ··· 1-168
잠 暫 ··· 3-124	정 廷 ··· 5-12	증 贈 ··· 2-97	창 暢 ··· 7-30
장 丈 ··· 8-233	정 征 ··· 2-198	증 蒸 ··· 6-205	채 債 ··· 7-59
장 墻 ··· 6-77	정 淨 ··· 3-59	증 症 ··· 2-201	채 彩 ··· 3-56
장 莊 ··· 5-57	정 貞 ··· 6-140	지 之 ··· 8-121	채 菜 ··· 3-55
장 粧 ··· 2-193	제 堤 ··· 7-34	지 只 ··· 8-235	책 策 ··· 8-21
장 掌 ··· 3-27	제 齊 ··· 5-248	지 池 ··· 7-184	처 妻 ··· 5-81
장 葬 ··· 7-219	제 諸 ··· 5-242	지 枝 ··· 1-87	척 尺 ··· 8-233
장 藏 ··· 6-46	조 兆 ··· 2-124	지 遲 ··· 8-164	척 拓 ··· 2-175
장 臟 ··· 6-47	조 租 ··· 7-43	진 振 ··· 7-12	척 戚 ··· 8-174
재 哉 ··· 4-139	조 弔 ··· 8-93	진 辰 ··· 7-10	척 斥 ··· 7-134
재 栽 ··· 4-138	조 燥 ··· 1-198	진 震 ··· 7-11	천 淺 ··· 4-40
재 裁 ··· 4-137	조 照 ··· 2-89	진 陳 ··· 4-26	천 賤 ··· 4-38
재 載 ··· 4-136	졸 拙 ··· 5-208	진 鎭 ··· 5-223	천 踐 ··· 4-39
재 宰 ··· 8-82	종 縱 ··· 3-81	질 姪 ··· 2-73	천 薦 ··· 8-100
저 抵 ··· 4-44	좌 佐 ··· 3-243	질 疾 ··· 2-202	천 遷 ··· 8-188
저 著 ··· 5-241	좌 坐 ··· 1-108	질 秩 ··· 5-173	철 哲 ··· 3-87
적 寂 ··· 4-111	주 柱 ··· 2-230	집 執 ··· 6-202	철 徹 ··· 6-121
적 摘 ··· 4-150	주 奏 ··· 8-195	징 徵 ··· 6-174	첨 尖 ··· 6-235

289

첨 添 ··· 8-196	치 稚 ··· 3-219	편 偏 ··· 4-213	항 巷 ··· 4-172
첩 妾 ··· 3-116	칠 漆 ··· 8-85	편 遍 ··· 4-212	항 恒 ··· 7-161
청 晴 ··· 3-35	침 浸 ··· 4-67	편 編 ··· 4-211	항 項 ··· 4-195
체 滯 ··· 7-139	침 沈 ··· 4-140	폐 幣 ··· 2-115	해 亥 ··· 5-210
체 替 ··· 3-78	침 枕 ··· 4-141	폐 弊 ··· 2-114	해 該 ··· 5-211
체 逮 ··· 8-38	타 墮 ··· 4-112	폐 蔽 ··· 2-116	해 奚 ··· 7-92
체 遞 ··· 7-111	타 妥 ··· 7-52	폐 廢 ··· 7-175	향 享 ··· 6-196
초 抄 ··· 3-108	탁 托 ··· 4-78	폐 肺 ··· 7-228	향 響 ··· 2-23
초 秒 ··· 3-109	탁 濁 ··· 5-231	포 抱 ··· 1-148	헌 獻 ··· 8-79
초 超 ··· 2-86	탁 濯 ··· 6-240	포 飽 ··· 1-150	헌 軒 ··· 8-132
초 礎 ··· 5-235	탄 誕 ··· 8-19	포 捕 ··· 7-109	현 玄 ··· 5-86
초 肖 ··· 2-182	탈 奪 ··· 7-122	포 浦 ··· 7-110	현 絃 ··· 5-87
촉 促 ··· 2-105	탐 貪 ··· 6-13	폭 幅 ··· 3-181	현 懸 ··· 3-137
촉 燭 ··· 5-227	탑 塔 ··· 3-128	표 漂 ··· 4-97	현 縣 ··· 3-136
촉 觸 ··· 5-228	탕 湯 ··· 7-29	풍 楓 ··· 5-123	혈 穴 ··· 1-118
총 聰 ··· 4-159	태 怠 ··· 7-48	피 彼 ··· 1-161	혐 嫌 ··· 2-161
최 催 ··· 6-41	태 殆 ··· 7-47	피 皮 ··· 1-158	협 脅 ··· 2-49
추 抽 ··· 5-146	태 泰 ··· 8-194	피 被 ··· 1-160	형 亨 ··· 6-194
추 追 ··· 2-247	택 澤 ··· 7-76	필 匹 ··· 8-229	형 螢 ··· 8-148
추 醜 ··· 4-99	토 兎 ··· 3-212	필 畢 ··· 8-236	형 衡 ··· 3-231
축 丑 ··· 8-241	토 吐 ··· 1-11	하 何 ··· 5-62	혜 兮 ··· 8-244
축 畜 ··· 5-154	투 透 ··· 5-139	하 荷 ··· 5-63	혜 慧 ··· 6-177
축 逐 ··· 6-25	파 把 ··· 3-167	하 賀 ··· 3-240	호 乎 ··· 5-54
충 衝 ··· 3-234	파 播 ··· 3-72	학 鶴 ··· 3-228	호 互 ··· 8-119
취 吹 ··· 8-111	파 頗 ··· 1-164	한 汗 ··· 1-73	호 浩 ··· 3-145
취 臭 ··· 8-9	파 罷 ··· 7-201	한 旱 ··· 1-74	호 胡 ··· 5-36
취 醉 ··· 7-249	판 版 ··· 1-215	할 割 ··· 8-155	호 毫 ··· 5-201
측 側 ··· 1-181	판 販 ··· 1-213	함 合 ··· 6-12	호 虎 ··· 1-18
치 值 ··· 5-217	패 貝 ··· 1-30	함 咸 ··· 5-70	호 豪 ··· 5-200
치 恥 ··· 2-145	편 片 ··· 1-209	함 陷 ··· 7-233	혹 惑 ··· 6-135

혼 昏 ···· 5-94
혼 魂 ··· 2-144
홀 忽 ··· 2-244
홍 弘 ··· 4-209
홍 洪 ··· 4-171
홍 鴻 ··· 3-161
화 禾 ···· 1-38
화 禍 ··· 4-81
확 擴 ··· 2-174
확 穫 ··· 6-229
환 丸 ··· 6-199
환 換 ··· 6-118
환 還 ··· 4-157
황 荒 ··· 8-222
황 皇 ··· 1-28
회 悔 ··· 3-210
회 懷 ··· 4-191
획 劃 ··· 7-121
획 獲 ··· 6-228
횡 橫 ··· 2-171
효 曉 ··· 6-87
후 侯 ··· 6-44
훼 毀 ··· 7-232
휘 輝 ··· 7-67
휴 携 ··· 8-167
흉 胸 ··· 1-177
희 稀 ··· 2-205
희 戲 ··· 3-143

날로먹는 漢字 ⑧

초판 1쇄 발행 | 2010년 9월 1일

지은이 | 원종호
그린이 | 김복태
발행인 | 김태진 승영란
디자인 | 디자인붐
마케팅 | 함송이
경영관리 | 이나영
펴낸곳 | 에디터
주소 | 서울특별시 마포구 공덕동 105-219 정화빌딩 3층
문의 | 02-753-2700, 2778 FAX 02-753-2779
등록 | 1991년 6월 18일 제313-1991-74호

값은 뒤표지에 있습니다
ISBN 978-89-92037-64-8 14700
　　　978-89-92037-65-5 (전8권)

ⓒ 원종호, 2010

이 책은 에디터와 저작권자와의 계약에 따라 발행한 것이므로
본사의 서면 허락 없이는 어떠한 형태나 수단으로도 이 책의 내용을 이용하지 못합니다.

※잘못된 책은 구입하신 곳에서 바꾸어 드립니다.